Ausgeschieden
07. AUG. 2015
Stadtbücherei

Oskar Pastior
Das Hören des Genitivs
Gedichte

Carl Hanser Verlag

1 2 3 4 5   01 00 99 98 97

ISBN 3-446-19126-7
Alle Rechte vorbehalten
© Carl Hanser Verlag München Wien 1997
Satz: Satz für Satz. Barbara Reischmann, Leutkirch
Überzugentwurf: Oskar Pastior
Druck und Bindung: Friedrich Pustet, Regensburg
Printed in Germany

das ätma

das ätma von 2 x 2 gleich 2 + 2 schleicht der-
gestalt gepardenpaar als paargepard durch das
viermammental in dem wir äsen und sie zilien –
vergleichbar es (doch nie durchdacht) den li-
lien des isotops von greifenklau mit pfoten die
mal sprungbereit im ansatz zwar doch wie ein au-
ßenbordzustand auf und und mal nicht nur das ra-
re dazumal im lande riese ist sondern auch sind
so daß man sie wie es ausbetten müßte von den
brüsten im gebüsch weil 2 nummer eins und 2 num-
mer zwei nie seitlich oder flickenteppischmäßig
anders angeschlichen wäre bzw. sind als man sie
hier addieren könnte oder mental zum ungleich u-
nikaten firmament erheben

sisal

alles sagt sie sibyllinisch nichts
bestimmtes will sie sondern nur die
personalien im besonderen das alien
will sie fresien nicht hingegen bil-
sen vielmehr nichts bestimmtes nicht
die bestie davon und im besonderen
nur ein ganz wenig arsen oder wilson
maximal in fallseefolien und wenn in
serien – allerdings sei alles was sie
will noch lang nicht anis oder lissa-
bon geschweige nur ein bißchen anvi-
siert sagt vibraphon sie binsen zwi-
schen wiesen arles arles sah sie bi-
son schon und auch im bison deren si-
sal ganz besonders müsli ach sagt sie
das alles nichts bestimmtes kein ge-
simse mühsal oder aluminium – aber
wenn sie schon was wolle dann flokati

das denken des zufalls

vom löschen des durstes abgesehen
ist das hören des genitivs
der hosenträger der erkenntnis

das verleihen des ohres
die behandlung des arztes

der besuch der kalten dame
das anvisieren des anvisierten

»womit hörst du wenn ich keinen mund habe?«

das gesetz des handgestrickten im genuinen kausalat
das ursachen der wirkung im schlenkern der glieder

»hat der lattenrost noch eine chance?«

— sagt prästabil zu indeterm
(die baxer-anekdote scheint zu greifen)
dieweil die schicke saalgemeinschaft klatscht

aber das fatum des flatums
schlägt das datum um die ohren

alarmin bellarmin und determin schrupfen
lizard rennt ins verderben des glücks

das zusammentreffen ist faustisch
die ritter und wetter
balken- und wolkengewandt

vom trinken des blutes abgesehen
ist der zufall des denkens
die erfindung des apfelmännchens

»womit sprichst du falls ich dich höre?«

pisa luna

legomohn – ein sarrazenermond
bald kopfballgroß
bald golfbeinklein

aber sie : pisa luna
ohne schatten
bald milchbeinweiß
bald kopfsteinschwarz

was blendet dann so?

diese trauerrandfassadenweiche
büffelbutteranemonenblatter
im nomadenbaukastenverband asyl?

oder rabenkoggenschiefer lichtmeß-
analysen einsteinbleigeturmes
federschall am ruder?

kleine blende
pech und schwerfall

alabasterschemelraster
zettelkästensarkophager
augenbindenelfenbeisal
vom katheder newtons:

im monadenpendel er –
sie pandelmilchmonade

wahnmüllers lust

claire gottwald chur nur halb so schwamm wie bal-
duin sein holbein glott — ald eines pulks im tur-
tural wog dendron roh gewisser ma doch bald so kalb
am hengeloh zum mezzo vor potamiens muttermal (ban-
dagen) — urd herderoden sud dem ago gen sein halter
schnuf bis außer stich von ungefähr zahltabularch
von erzengel versprühte krapp und bilsen archipel
fuhr haut hin wo sein rhön so knapp dem rattan in
die queren mö — beludschistan ach nur beludschistan
wuld bärlapp eines zirkum

O-Ton »Automne« – Linguistikherbst

O-Ton »Automne« – Linguistikherbst
Stick Harwest / Osenj / Toamna / Stick
Stick Lippstick Nota Bene – heu
was da abwest im Dümpel-Sermon:

Zero-Phonem

Der Kürbis wächst
In Eros-Hemden sensen
Tristia
Trestia
Deltageflecht

Da ist (»Kusnejtschik / Zinziwer«) Synopsis
von Kolchis her ergangen:
Seerosensee / Seerosenbucht
Ost-West-Phantom
Ovids Metamorphosen
am Bösendorfer Luch

Die Semaphoren morsen:
    »noch steht es zahn / um haaresbrei
    an topf und hasen / geht es wald
    das jahr es jährt / sich horn und hin«

O Zero Osero – der See
Rien ne va plus – O Zero Stick
O Lambda Entengrütze Haarnest Fälfä
hilf Schilf
heu Schelf
O-Ton
Automne
mir ist so rosident phantom
Semiramis / Sorbonne / Sa-Um-Weh

1940 / 1941

Simrock, La Jana
Scholten/Schorsten – das Goldene Lamm
Gurkensalat und Kessel und Fähnchen
Blaupunkt/Signal

Gebirgsjäger mit Rühmann und Lumpi
Traven – Jud Süß
Ohm Krüger – Katyn
(Gewerbevereinssaal)

Most, Ochsen, Marsrakete
Welt ohne Schlaf
Ein Ding wie tausend Wale
Du und die Physik

milton – behälter

>»feuerwehrleute ... verwahrten den be-
> schädigten ... in einem überfaß«

außen malmö – quitt legat
dümpicht leim in mindern teilen
mundfaul angestautes reiben
– gurt schwing nach

baales kniewachs vier wie rollt
kinn voll kupfer achten poles
durch kordone rinnt was hohles
extra mold ...

schuh sie flackter wühl nie dem
bromnitrat in kühlem pullmann
talkum stiefelbrot kost mehlschaum
– spring nach q

>(der kom ist auf und von
> die gut und gerne sprangen
> sind usedom
> bald mäht es aus dem scheitel
> den auberginenbeutel
> dem weißen femur
> unterm star)

canis haftel – glyzerin
schwalm wie raimund müßt es falun
karbonadel-holm spektral um
loccums müh ...

shelter

das kampf stich dank schimpf zahl stamm frage hüll
ding ja sprich schlag flick lock beziehungs fremd
nach schmäh schall lall deck trost fach ehren zank
für grund nein paß droh neck zeit hilfszeit schluß
kurz scherz nenn schmutz witz allerwelts haupt reim
vor kunst schelt schand form schlüssel mannes ant

kraft kuppel sammel kose binde schreckens schalt
macht zauber bandwurm eigenschafts empfindungs un
verhältnis abschieds neben losungs lösungs mittel
befehls erkennungs umstands zwillings frevel muster
begrüßungs liebes lieblings wurzel dichter sterbens
füll tätigkeits entgegnungs gummi handschuh code

die melodie des archimedes

ach telemach (ton echnaton) geh zeige
mir einen pamir ihm die muezzim
dem diadem im mann darin den mandarin –
o bolero strahl anzestral in terpentin
von saxophon bis flaschenkürbis
wenn oben garderoben sich emsig
mit sulamith am abraham auf sattelknauf
an einem ozean von unten lunten –

ach almanach am adamstamm des herodes
wo nitschewo aus dem garaus für den porphyr
zur frühgeburt »azur« fand elephant –
wie du ihnen da beduinen antust ra
war ja zarathustra varia der salamander
tisch – phantastisch!

doch lieber so kaliber als damals in hernals
man meloman und trapezunt kam auf den hahnenkamm
(ein protein war archivar sein kasein auch rauch log katalog)
komm telekom füll chlorophyll heb ab khebab –
wo evas kanevas dir im nadir steht unstet
kann eh was zehn strapazen ihnen violinen …

ach biberach
nimm anonym
nur baikonur
jenen hyänen
das badedas
die normandie

ob sie die an akazien ziehn – obsidian?

aber ihr kandelaber ist ein bovist
ohne melone ist er magister um sein museum

du ruhst im trust — er kräht konkret
tut servitut im substitut
grad mal minimal am grabmal von echnograd — pur

denn wer denver werden kann kann pferden dschingiskhan

fleht im pamphlet den prangen-
den dies paradies
wer? ahasver

immer

das gedicht gibt es nicht. es
gibt immer nur dies gedicht das
dich gerade liest. aber weil
du in diesem gedicht siehe oben
sagen kannst das gedicht gibt
es nicht und es gibt immer nur
dies gedicht das dich gerade
liest kann auch das gedicht das
du nicht liest dich lesen und
es dies gedicht hier nur immer
nicht geben. beide du und du
lesen das und dies. duze beide
denn sie lesen dich auch wenn
es dich nicht nur hier gibt

deuterium

s q lapp :
was soll s b ?
schwer s was r .

hermenautik

(für p.h.n.)

etwas das in schwärmen äuge doch hethitisch heu
bedeute während es doch hermesartig also thermo-
pylisch fermentiere läute (oder läutere) in tö-
nenden fontänen schirme her mit schwer metallen
aufgestemmten heulern aus der themenschwemme die
ein heer melonen (taucherglocke) zur fermate ih-
rer gar medusen-hermelin-procura-maris-mähne hoch-
gespeuzter thermenschwämme so enterbt wie jene
bürgschaft stirne (thetis) aus dem ärmel germe
der parmäne menetekel diese oder maulend aus dem
haar meliere (nemos firmament am gurmus von mer-
lin): beutelhäutig etwa streute etwa das dem in-
determinären thule oder und beziehungsweise aus
neptunvertäuten eulen esmeralden scheuer turmali-
ne beule (zeuge) wenn kehraus kehrein die rhombe
zu der raute seiner enterhelme noch im kreise par-
menider quecken silberspäne (säume gurten boten-
spiele) mähend vor der namensgleiche etwas sehr
mäander sich enigme bis delphine

dominotaurus

dominotaurusbekistandaradeilandrogynstigmagmastodonauberginereidentaluminiumsatzungenitalministrantepenultimathulethargiebelcantopascalibertinageleebenslangmuterintestikularborealsozusagenhaftungeheuerlköniginsterlingeniöresundsoweitermindestensionenklavemariasklepiadäischemathematischädeltabulaturmalinsengerichtschnurzegaliziengrammatikasteroideenzephalokratiegelsemiorganisatorgaumentoraxialgeneröseleneandertalsperresistancestralsundsofortepianostradamuskellochsensecamusikantentakelhorreurichtungsramadanterrinebukadnezarathustrapezunterosmarinternationaledamaszenergygestischbeinhartmankolibrisedankefirmakulaturtelekompotipharaokarinavigareedemiurgesteintrachtenballustradebilsenillustrepanationdulatwerglaubtesatmosphärebustaminaturbinekrologarhythmusketeflondonquijotemporatatouillieriennevaplusquamperfidelkatakombinärrischkatalanselmodernierekapitulatentschiedenkendloszillomorphemphasekundsoweiterbeuleandergleichendeheparlando

tableau

fenstersturz – gelüftet! wenn sich im käse der hirsch
zeigt springt der zeiger auf das nebenhaus: 3 schwerter. an jenem abend gab es klausenburger kraut ein rührstück von ausmaß in fahrendem aufzug – tellermimen ein
chor und man wischt sich den bart. einer läßt den rest
von weißen schmetten in die jackentasche gleiten: sodom. es war die schilderung der kür für bissenzähler
lateinisch tautreten. der doktor sagte was von montag
den kommenden und auch piscator löffeln. jetzt erwägt
man scherben industrie familiendialekte

Zweite Berliner Ansteckung

I

Ja dort halt still: Staatsbürgerufer,
dem einst die Mitte lebt,
Roßhändler, Sechzehnthavel,
es ist zugleich außerordentlich.

An Jahrhundert-Dreißigstem, wenn das Muster
des Namens ruhig dem Mann galt –
Rechtgefühl ausgeschweift,
bald so entsetzlich geraum.

II

Ums Jahr führte der Mörder. Eine Koppel Menschen
ernährt ein Gewerbe, den Meierhof, diesen besaß ein Kind.
Von Weiberfurcht, Gottsamkeit, Arbeitstreue
legt der Nachbar noch an.

Nicht eine der jungen Elben: Räuber der Gerechtigkeit,
Welt bis an die Söhne –
alle die sonst Gewinste: Zeit- und Pferdetugend,
Ausland seiner Dörfer, Genuß der Gegenwart.

Glänzende Gebiete, Augenbaum-Schlagblick,
Art, mach Schulmeister zu Zöllnern –
Sächsischweg grämlichen Regens auf seine rechtschaf-
         fensten Wärter
oder mühseliger Andenken neuer Gewinst –

Markt, Privilegien, Schlagflußhoffen,
Beinhäuser, Wohltätigkeiten.
In der Höhe war das Neue. Ein Fenster Gesichter
schlägt über im flatternden Wind.

III

Sein Paßschein, teils und teils vermochter,
heftig erzieht er und auch, kurz, darauf
wie aber sein alter Herr durch seinen Wandel,
als aber noch kein Steindamm auf diesem Handel
eben bei sich selbst unter den Schlagbaum kam.

Die Zöllner murmeln, der Wald ist stattlich,
die Stute erwidert im Roßhändlerverkehr
den Mantel zum Junker und verleiht über Zinnen
weitläufiger Menschen einen solchen Schein.

Die landesherrliche Witterung, der Kohlhaas-Wenzel,
das Gewerbe holt Verfügung hervor,
ein Lebensgroschen: Leib und Weste
schiefschuldig gegen den Kamm.

Was Schweißhengstweg für ein Herr des Dings,
indem er aufschloß Schade durch Freude –
Hurtig! Hurtig! erscholl:
die zugeknüpfte Grenze.

IV

Aus dem Du der Welle sah, im Auge des Levkoienabgängers, eine Immortelle, schon Fabel, Sommer einer Flurflut, eines der eigensten längst und spätesten Floße haïssablen Anfangs. Dem analysen moi würden, schon bei Rosenletztem, die Lemuren eines großen Elches übergegangen sein. Es war, für einen Stein, der so aus ihm das Vieh verläßt, ein Totenreich, aus dem er sich ins Großerinnern mänadisch schob; die Torturen, die ihm das Bruderglück schwängerte, stiegen durch die Kohorten des Adlers in Tauben und Altäre hinein; kein Gummibaum war aus keinem Golgathal, der sich den Palm- und Purpurborden und dem Ostgerölle nicht hergegeben hätte; kaum – Städte würden die letzte Wüste gewesen sein, da du in keinen Barkarolen nicht um und um gefallen wärst. Doch die Propheturen lebten dich schwer.

Die oleanderfarbene Fähre schob noch, in einem Traum weißer Pferde, mythisch alle und zuviel, ins Blut ein, und glühte kausalgenetisch, da sie das Mondchateau, das sie durch die Stiere des Lysippus zu streichen brannten, verwesten: o, welch Schutt schweigender Bacchanalien, bei letzten Schweinereien, o, doch voll Glücks der Totenschau: da ich dem Schlaf zu Garben war, und an einer späten Mauer, um blaue Felsen, ein Bambusquoll war, der noch in kein Marmara gestiegen war. Er verwusch in einer Geröllplatte ...

September 1986

(Aus dem wörtlichen und syntaktischen Material des Anfangs von Michael Kohlhaas des Heinrich von Kleist und des Gedichtes »Das späte Ich« von Gottfried Benn.)

repeat that, repeat …

ROLLS JOYCE uns, rolls joyce,
curcubita! und hopkins uns orwell, herz(!)schrittmacher,
    wie's in leyden geschieht
wiesen zwischen-wissen, wiesen ballast-pallas, auf
ruck-zuck-balz und windbruchmaterial im schnalzer (nativ)
    aus halden halden halden,
holunder hollander zylinder –
und das halbe flachsland rauscht auf einmal flaschenpost

                  (mit Gerard Manley Hopkins Cuckoo Bird)

zwei mal pupille

a) färbeln

das färbeln der farbe beim sehen
das sehen von farbe beim färbeln

die farbe dieser verbellung im un-
terschied zum färbeln jener farbe

das verbellen der farbe beim reden vom sehen

das sehen von sätzen beim färbeln des sehens
das sehen des sehens beim löschen der färbung
die löschung der farbe beim sehen der färbung
die färbung der löschung der löschung beim sehen

und das färbeln dieser löschung
und das löscheln dieser färbung

farben des löschelns
und farben des färbelns

das bellende loch der pupille beim sehen

b) alaskalappen toscalasur

o fahr benzolring sojaschrot
grab lausig-rünstig angelbreit
hin oder die im müsliland nasch-
warzer halwa isthmus-ohr an
chauvis kids in ober-jeans –
kiwi au lait! tanagra-ufo wähnt
sie an kobra und brasil-bärlapp
und oberschienenbus pult rahm-mahr

in athen: o kerbel wie maigret jamais! – droht rohseidenverkehrte iden-prosa bis dakar mindestens zieht roncalli labskaus: kräh motte chromatik ankara melone blitz in oberons blabla und krepp-uhr purgativa zur segelbootbegründung (siehe nadir) gähnt pinxit halb lauer atem oval »it's a rinnsal« beischlafende lasur wo lief sie hin?

das weiße blatt / hat ernest

wie brusture ein schiefes dünne
sich rübermacht von granu-
lation (gedroschen) einer
ab themenkette (kiementenne) – da
haben wirs: gelernt: das wandern:
also im brustton: zu berge –

abfall mitgeliefert
nur der leser

will nicht ins kraut (frühtau-
unterfütterung) zeitweilig
spindel auch das koppelschloß
eine erweiterte blöde

durchklumpen

wie kommen eremiten zum kalanderflegeln
scheibenzielen was das zeug hergibt –

brusture brusture
lappa maior/minor tomentosa

sich dünnemacht von schief und
droben liftet (abschrift) – da
knaufen wirs: liegend die acht: in
schellen: die spitzen

wald an wald gepaust
mit stoffen vor den kopf

schrittwechsel: jetzt kommt die kreide

nur das falbe (fehlpigment) im aug
rügen sie pressen nordsüdspan aus
platten die raupen – ja schon das
löschen des kalks eine
bibliophile mördergrube

jetzt der kühle

anwalt der gehenkten im brust-
ton des taifuns dünnbohr-säuseln gibs
zu: entblödet: das wandern im ab-
gedroschenen ist hinterm ohr
von und durch: schiefer noch:

bloß innehalt in dispersionen
sagen wir auf einem anderen ball-
kahn schweden-

trünke: von stoppeln weit und
abgesprochen (dschingis) haben wirs den
falz entlang wer bricht
das ei vom zaun
gelernt –

das weiße

bricht ab und an-
derweitig gehen hier die nieren
wie brusture ihm lappland
streich und wisch

durchpauste: das wasserzeichen jetzt

hippocampus

metaphorismenlöcken, vom donner gerührt: aufbau einer ägyptischen finsternis

cortex, alabaster, den hummer in der hand, die sichel im mond

»hie estich rosendich« im langzeit-ob, ein staubiges wasser, alles wie, alles was, alles wo: meu meu feu atoi! – scheinen gräser

in der legasthenie von legosteinen entdeckt sie (»schlachtenmalerei«) quacksalven & felsengarben – erschwingliche schläger (»des golfs«) aus kleiner gerberlohe, versandet; sie kennt geldern wie sachverstand, vipern & auflösen, hat ortskenntnis wie lange belvederekappen zum buch; über strecken hinweg (»verschlendert«) die felder-ankerung in zuversicht (»geschleudert, verhört, gedacht«) – anerkennungsmarken; sie pikiert

gebückt (»des thales von milet«) zuleiberücken; zurückbleiben; innenleser, schwere scharen; das zünglein an der wange ist das halbe theben – dreizahn, nickendes pfeilgras, die ackertrespe. vor dem schlafengehen kämmt sie ihr goldenes hirn. schmiele in dull & moor höhlt ammer & persephone (»die formalhaut im südlichen fisch«) – support; ob er leuchte, nicht wie. bienenwein zu jausen, sagt philipp der sampler, es war so föhn. dann splittern sie nämlich & fühlen sich an

je mundwisch, je augenmerk, vermindere ich, wählen hieße altern, altern und poltern, je grünspan am busenhalter, je jeanne d'arc auf diesem campus & drom – abendwahn per se & temposchneisen. was auftauche (»dur« und »moll«) unterm krampen sei eine spalte streitkultur, subkutan & furunkulär, das umschlagen (»prießnitz«) der landschaft in eine andere art abstände & knoten: spannzeug avis raba der urbanisten & ganglien hüpfende dammschlösser, charme-löser, atemana-lysierer, einfach »lungen« – zweifelsfrei angeredet (angerädert ein du seidenschalm, schallmauer, oder sonne, zweiundsiebzig, garonne). reste hier und überreste zum schmelzen (den schlummer an der wand, die sichel im mund) hätten wörter sich ausgelagert für deponien und für syntax ausgegeben, postpotlatschen, was sag ich, zum runterturnen, besserwisserisch rechts, links, ein herz und eine niere gizeh, bloß ein japaner, auch pan ist ja einer – aufbau der achillesferse oder; oder der reserve aber; reverse transscriptase ist das schwalbe theben

örtlich rötliches; durchlaucht & eingepferdet; topographie, ein mäusekönig im kanister und nur ein spatzensprung, sich vorzustellen zirpend im papyrus den pitigrill zur arabeske von tirol im nickzentrum der schneise tra; appellationshof ein rhythmengeplärr die schwemme

support; nicht wie sichel, nicht wie abbau, nicht ob er leuchte; »hie«, behauptet mit stolperknorpeln durchs delta, den hummer in der hand, ihre mütze, »estich rosendich« – eine leicht östliche tour nach der strecke im zenit, man sollte frei und falsch entscheiden; kryptische finsternis ihr lesehunger

plato am plateau

eher trocken – sehr vom hocker
sie zucken beide das öxle
sie eifeln drei ginger am zahnfleisch
die laugen das zucker die spucke
– erlesener tropfen

neige hälse zwei – die rebgehänge
zu hangar vier – in muschelkalk & pümpe
die kanzel : drei kiwi atlas shell
moovie silentium
shadows windows marshmellows –
zeller khan die kracker :
bo sind die melonen?

aides moon
retro-seelachs – eben diese
schlachterplatte
oyenhausen
zenker
baß

biedermaul am studium generale
aarschnarf vorbei :
hälsen zweien dreien vieren
sie balearen am grünen plateau
zischen stoßen kalambouren
in den bidon

palatale vergeringerung :
äni wer
äni wom
äni van junikum

desider an kanevas

möchtegern für dankeschön – bittesehr
eine feuchte leuchtkartoffel
debit liquor wäschetrommel
dankesehr für bitteschön

bitte eine quitte
danke für die quittung

bitte eine schrankwand
danke für den einwand

mitverglüh – das raster

möchte ferner einen entkerner
zwei schöne söhne
acht scheuche bräute
mit entwedel-decoder

bitte bitte – nicht im entferntesten

tippe schrippen für den blanken dritten
pette blessen für petitte fressen
tüte tapeten für mittlere patheten
tanke pranke für tischsitten
motte fritten für schurwatte
gurre tschicken für tschurre gicken
de rerum bittesehr natura

bitteschön noch eine
anderthalbe
schlanke
schere

danke danke für die höhere beschwerung

währung
ehrung
rippe
strippe

ende der anhörung

enter

das dokument des dokuments
des unkodierten mentors trennt
das dokument vom dokument
des monitors den es verbrennt
als dokument zum dokument
des unkodierten firmaments
das sich zentralverriegelung nennt
auf einem anderen dokument
auf dem kein monitor erkennt
was im moment des dokuments
an sogenannten nackten trends
sich aufmacht in die existenz
die zentnerweise ihr patent
entriegelt nachts auf dem zement
von unkodierter evidenz

neoz

der immel stemmt ihn zangst und hormes;
kiemer wenn ha und zet schimmeln
trampet be-mann im havelock aus der spree –
porenzimpät; ellrot und inselweich
ist simrob hein kerbel – im wintersten u.
aber auch intelschimär: zum ohl-zwinkel
ja engtest du bolz / jodelweiß ädelschilz –
d e r wammt dich kienfort bindewuh entlang

Rückendeckung

Unter seinen Augen
fällt ihm das Bauchfell
in den Rücken

davon gehn ihm die Augen
unter die Haut
und der Hals über

während die Zunge ihm
auf den Lippen
den Rest gibt

der vor die vielen Füße
unter seinen Ohren
zu liegen kommt

pfote im tunnel / bunter hund 96

japst und geist in einem:
speckturm wie nerval durch-
trieben kandis wandlgast und
heißt struktur an einem winter-
sonntagmorgennervenzipfel

alles zu — windiger dünnbrett-
luzi vormals senk- und spreizfuß in
einem — hattest streusand semmel-
weiß im spektrum draußen vor den male-
diven tanzen oder grabensporen horen
alter partus (sparsack) —

phosen auf! das metamoor ab-
geschubst und zu den jagellonen
rhythmisch — wieso ich? trabst und
ohne einen bison oder beißt
und heißt in einem du
kotetz hotel?

sieben mal hamleschgehn

»doch rasch flockt«

latex oder fugen-kompost der gum-
miartig aus dem löffel schwitzt

der zu löffeln sich andient und
steht schon im berge zu taufrüh

einem haut- und weichensystem
da noch im gegenzug selbiges ist

eingeselcht vor interdependenz
– und sagen »hörnung« dazu wo's

eher »organ-mus« wär oder »mel-
tau-photon« – gequetscht zum

tango mit »alpha« und »beta«
einem zur verfügung steigenden

neu wie hoch – stimmt es sei und
heiße deutsch »quirl-aus-dem-balg«

der zu beweisendes schlingt in
klumpen aus »reiß-fuß-spreiz«

über nominalen darren »etruskisch
labbermahl« das nie hören will

doch rasch flockt – kautschukartig
ist eben ein »kleister aus patex«

wangentang-enten

hein bangemach – von süßikon
kann honus lachen dies lang

und sinkel-phon von sacherkaus
brühsam von wangentang-enten

seh ich am firmament entlang
zacken von winterbelt-theben

öhsen konsequent sie aufnträn'
fäustlings von deren samstags

und an heiner schaussee da lie-
gen mir schnegel von selektiv

auf klee – freilich auch tegel
und ich wohnte von clausewitz

pon täglich wieben lang ügel
zangen hangeloh wie von sucken

string

kauraute plaum auf claire juice
baut die matte wie butter durch

molch neile fautilus – weil knie
auf kaum durchdrungensaum und auch

sonst nie ihr wiesenschaum so rau-
schen tut wie kahl pausiert nausi-

kaa – ich klaub ein jute-faust zu-
salmen durch die schrunk-ausschau

desgleichen walzen sie herauf und
nischen über – rollenstrautegie

rauh macht es – hutsch sie zirpen
und straucheln frühlingsweich – oh

dianas barstlockstumpf auf udo ist
brein geßbar jubelsaum – sonst nie

bock azimut

schießen zusammen – gut mund sie
haben feu augelstern – disparate

ferner sind gemeinhin produktion
hingegen hier – schlauchmaterial

bei streck-rüben wie humelig und
eigenhändig das bruzzle – choral

so man hinnen treme und in schuß
machte zu »eintracht in rätseln«

die seit katuz außer stande sich
im liegen muddel – eingesprengte

weder von zofen noch mausch-habe
wütherische – aber ebenfalls nur

grelling dunken – zonengewohnheit
oder gewöhnliche sind – der hat's

darum es balmisch verzaudern täte
eiweiß und einstieg – benedeiters

herzlich also – want zwingend ist
sie tuben unheimlich zu stocktum

rosident

bringt butter & morgen
zum harschen zarf hinaus

die unterlippe am ramses
ist noch nicht aufgetrennt

durch egel & eifer sackt
die andere seife – barock

aber die fallsucht der ge-
meinen objekte bleibt hier

dolby & abendrot sind ja
immer nur das gelbe davon

helft ihm seht knopflöcher
denn das besteck im detail

puzzele – allweil textil
auch die post ist ums eck

tabel & lamen bei fauchsinn
aber immer noch zu profil

oben ein umi unten ein umi
gurt & murt stärkt unheiml

dachziegel

schaltjahr mit doppelkinn an einem fa-
den extrawurst von marmelade & monsun

und etwas anderes mit etwas anderem an
einem zwilling mit einfacher nase da

& einem dicken kellerfenster am jasmin
mit mumps & zeigefinger an der schere

die an einem sirup & eigensinn hängen
wie sauere zitronen vom butschetsch

mit einem doppelkind am hals und zwei
nasen an jedem jackomedes von pipin

arcobazikon

krücke zum stutzen : eia wuia ballistik!
grütze zum spucken : weg vom schmelz!

lehamite lehamite : stütze zum nocken –
blattschuß im dehnungs-»e« : sülze zum stumpen

eia wuia disproporz? – spucken und zucken
mulder tulpenwulst? – mücken und furzen

lehamite zum stürzen : stuck mack pock –
zücken und lecken : eia wuia lehamite!

morgen im rogen

(für e. gomringer)

KONKRET UND ABSTRAKT
BAND KRETA KONSTRUKT

DER BRUNSTKONTAKT KA-
DER BANKOKT KUNSTRAT

STRUNK KREDO BAT KANT
BRUT KOKKEN STAND ART

STATT KORKBANK REDUN-
DANT STUNT KRAKE BORK

DU KANNST BROKAT TREK-
KEN SKORBUT DRAN KATT-

UN BROKKEN DARK STATT
KAKTUSKRABN DOTTERN –

DORT KERNSTU TABAKKN
DORT TANKKSTU KERN AB

BANNT DER TAKT KROKUS
BARNT KUSKRO DEN TAKT

TUNKT BASTERN AKKORD
DENKSTAB KNURRT KATO

STAKKATO KNURRT DEN B-
AKKENTROTT SANDBURK

TERRA BOKKT – DU KANNST
KONKRAKT UND ABSTRET

– ergo: ein enormer mnemo-gongoremer regen-gong im ingrimm einer erogenen gingognomie: mirmigone einer gegengegorenen ginger-oneginen mono-ingeniomen menge reger gorgo-ring-memorien im omen »mog-regnier«

lepsius

ausgerechnet solche welche aus der perspektive
eines rechtecks wespen pyramiden seien sagt der
volksmund apis nelken näher als die dialekte die
im halse sekundärer flechtwerkzeuge im terzett
verjüngend sich aus dem speziellen raster rösten
dem sie (auch vom standpunkt generationsbeding-
ter restverstärker solcher strohsacktäler) dem-
nächst lechzend aus den kieferbetten ihrer bipo-
lar taillierten silbenmilben überbordend von
durchwucherten staketen chronologisch hechelnd
sich entschnüren und dann stabgerecht zur avus
sich verhaltend ihre buben im asbest der ausnahms-
weise wilden hummeln bei dem einstieg in den psal-
ter heubesäumter sparzins-epistemologen paaren

rechnung von heute

mit zehn war ich zehn
mit zwanzig rund dreißig
mit dreißig kaum zwanzig

vierzig waren vierzig aber nicht jahre
fünfzig waren sechzig minus zehn
sechzig waren fünfzig plus zehn

als meine mutter geboren wurde war mein vater neun
als meine mutter vierzig war war ich die hälfte

als ich starb war ich über sechzig
als ich über sechzig war war mein vater über dreißig

und meine mutter über drei

als ich rechnen konnte war ich unter zehn
als ich unter zehn war wurde ich geboren

streckverband

streckenweise rechnet sich die strecke nach der zeit
im allgemeinen aber ist diese strecke berechenbar
besonders am anfang fängt sie abzunehmen an
doch zwischendurch besonders bleibt sie bruchstückhaft
auf halber strecke hört die erste hälfte auf
und es beginnt zugleich die neue und die letzte
in dieser aber streckt das ganze insgesamt sich
und macht das rechnen vorwärts dafür häufiger
das letzte drittel dann z. b. ist das letzte dieser art
und das letzte viertel ebenfalls bereits recht eigen
während das letzte fünftel wieder anders sich verrechnet
als in bezug aufs ganze im zurückgelegten sondern
vielmehr eher hinsichtlich der restlichen verbliebenen
berechnungen auf denen man sich einmal gerade erst erstreckt
gewissermaßen nachgerade anders alsiger als bisher
auch eben auchiger und zugegeben abstrahierter zügig
denn gegen ende ist das angenommen irgendwo zurück-
versetzte letzte letztlich und rechnerisch noch immer
ein zweihundertsiebenundneunzigstel z. b. komma vier
oder ein noch unbestimmter kleineres größeres
als sein doch ziemlich stücksam krötenhafter schildvortrieb
in dem nichtsdestotrotz an keiner stelle was von tunnel-
bau passiert und punktuell die rechnung ständig auf
der strecke bleibt weil dieses ausgefahrene gleis
sich wieder einmal gleichnisträchtiger benimmt
als ihr zu früh im kursbuch angekreuzter schwellkörper
letztendlich rasen diese teile ja im eigenen fleisch

galoppade

die geisha déja-vu mir ist zu schade für den geiz –
ich rase auf das bellwort hin und spare zu fast alles
ein was beim verkehr sich straps ergibt; eh sowieso;
aus überschüsseln tuten satisfakte kleibsel ums einmal
gratiskratzen sie von aufgebrachtes wie und brütig-
zeisig im recycling schlingen tüte – ah; grübeln wir
daraus uns leipzig dringsal bringschulding was drei
schablonen weiter heimarander klasmus wäre tschaika
oder schapkafingen unterfräster iko oder einfach übrig

grübchen

reib dich am hymen – eisbeutel!
andre musen sich am riesen reimen
bist gemüse du, reisig, oder was weiß man
limes – drüsen die dich mühsam beißen
schäumen brosam – du mußt reis essen
oder am trüben schi-menschen freisen mimen:
treib es bauch und bleich am leibesschema
wenn du muskat reibst an kiemen
blei dich am rübenmeister, kühler
schmeiß grübchen und
wenn du verreisen mußt
reib dich am hymen!

jo ulf kai

kitzel aus dem minibus
sagt die psycholinguistin
ist streckenweise dessen
minibus aus dem sack: ewiges
brüderlein (sagt sie) und: eineiig
geritzt. in der praxis wetzen
sich die sitzgelegenheiten etwas
durch – nur im bündnis strecken
sich die glieder schwatzhaft – oder:
bist du mir ein mispelfritze!
zynisch kitzelt sie die kalten witze
aus dem bart. erna heißt sie
und die pimpfe ihrer madagaskar-
lymphe robben lobby: spitzentheorie
sagt sie – und: alter egel
dümpelt kripo durch die liege-
stütze ihrer wundertüte mein
verpißtes brüderlein im sitz-
fleisch: sagt sie linguistisch:
blitzkrieg – solveig – lietzen-
burg – walchensee – ziegen-
peterles bizikel – mohnhaupt

Rebus : Wolke

Blinde – Liebe Hoffnung Haube Schraube
Schlaue – Blende Ziege Hofhund Daube
Taube – Hiebe Dünndruck Mißmut Schale

Nußgroß Alte Blinde Taube Liebe Raupe

Eine Handbreit Fauste Masse

Und Ein Weißer Flecksack Hirnwind
Nußgroß Handbreit Daumendicke Hinterm Ohr
(Delle Delle Wolke Maske)

Ein Pfund Salz
Für Ein Rätsel
Herr Richard Nummer Drei

Und Eine Handvoll Kropf
Für Eine Lahme Ente Aus Papiermaschee

Ich Wiederhole:
Ein Pfund Schmalz Für Eine
Faule Zahme Schiefe Laute
Klare Schale Schmale Blinde
Ausgesprochen Große Winde Einer Schraube

Nußgroß Kuskus Flinke Dulde

Und Eine Welke Flocke Warze Ruß
Frau Holle Nummer Acht
Für Einen Fingerbreit Dezember

noch ein knöterich

der wut:
    gebogenes kapitel
    der rut der stut
    anal computer
    ogoniok

bettungsbeilage:
    müse
    drüse
    klipse
    auflauf

schaufel:
    heu im fell
    palziform
    trauschau
    wemme

bagage:
    quellungsquotient
    aufschüttung (flaum)
    josephinischer gag
    lippenbekenntnis

ptizzn:
    kleine izzn
    stammelmilbe
    kalbe nicht
    itsch o libri

froschlaichhosen:
    grüzzenholz
    gravüre »monastyrch«
    arge sichel

erschütterung:
    silizium
    auf estragon
    pompeji(schrot)
    auf marakesch

mastodon:
    darmbietung
    von zähnen
    schlangenmaser
    ohne tadel

schublehre:
    kepler barfuß
    niniwehs plärr-
    maschine bis-
    tum maulwurf

unabdingbar:
    vöglinge
    massen/stange
    abderiten-
    schwanger (alu)

zero:
    muß
    auchmal
    gesagt
    werden

leichter abstieg:
    godel-enthaltung

nupher astu

hase im nerz:
  nasse prager
  ozelotes
  vor sich hin
  lang

uterus:
  neros schaumpurg
  warze april
  kerze maja
  hora anchor

stroboskope:
  torkretiere
  velo & bistro
  die krepuskel
  oh die glupsch

spartag:
  duse
  caspar
  zaster
  bodo

konzepte:
  triolans
  grill-drill
  konische
  zäpfchen

wimmern:
  und pickeln
  von gemsen
  wie nablus
  im schnee

traubenfutter
auf halde
echo des absch

urzel:
  welimire
  eurydike
  darre
  ravioli

krethiples monokel:
  die medusen
  strammen
  weichseln
  raps

upsala:
  ist mamatroph
  düsentitanei
  kesse presse
  praxiteles

vox populi:
  proteinen
  frottee außen
  schnepfgänser
  odysseus

nager:
  schwimmfest
  flosse lager
  auf antrieb
  haschee

haut im flöz:
  bellt wieder
  harmonischer
  eisenstein-

habeat corpus:
    fehlanzeige
    nähkästchen
    rollengesang
    stopfgans im zwist

eberesche:
    lasche
    am bandel
    heckenschutzes
    eiderdaus

rosmarin:
    mehr neptun
    im beinkleid
    als wirbelschnur
    in tassen

    lüster

gospodar:
    pulsierender
    warum
    im gerösten
    nartum

hasenbrot:
    nur ein wenig
    den du quirlst
    pfoten in quoten
    torquato

euterpes drohnen:
    ein schweres
    gemächt
    fasolni
    von kellner

sieben mal alpengehn

auer mold kurrent

bison wiesen meint es muß was draußen kleiben &
ich meint es muß da 1 bund phoebe 1 pott hundsfuß
hasen ehe 1 kraut wiesenschaum & 1 klappe fliesen

wiegenbison ist meinetwegen dauernd etwas quiz &
1 schuh daumenhand durch 1 haar kratzer wolken
oder 1 fach schließ um 1 buster eaton kalmuskel

zupfen meint entfernt muß bleiben stanzenscham
in 1 auge hühnerbrest im anderen fahl butter &
leiste 1 scheuer für 1 psalter nachtsand weile

so 1 kottchen maß 1 nickel pumpur 1 mühle grind
& kowski 1 tschai da mit 1 elle mademois sowie
1 ganzer peterhals ziegen auf 1 streich wanken

gangen scheint bison riesenerde wie son oblast
rings um 1 gröschen lot & 1 sitting wellen-ich
denn sie muß traufen knacken da er muß draußen

biesen & meint 1 strich gedankenschwanz mit 1
puck hacke entfernt was überziehen vorn 1 horn
meint rabenpolter angebunden kurz & weg 1 umu

holz 1 essig bisontiegel 1 hürdenzorn & zwie-
lurch & viele backen knirschen von licht & kuh
& spitz & hub & manche biene k & 1 mann sensen

husch laundry so

da zwischen tonlands stroh
nahm jäh an wielands mini-
schwingungslot und manchmal
zahnbelag dem wisent ab und
zu – lahm zischend kam es
romherab: böotienphonem me-
ran am puls man bozen sah ...

wo schnitten pontillac und
moorholm (oder so) man bro-
sam fand schlief niemands-
land äsop-kutan zinn oberton
wie straps an tunica des-
gleichen pinien jäh wie mez-
zokram in toto von ambiente

hü mischen kant und co sie
auf und ab – slalom wormelt
laminate: am föhn sie ziehn
mistral/bistro in keilen ball
dahin plusmin catull und kor-
moran wo täfelchen man zwi-
schen tonlands strohguß fand

sie kerlte bulb – er

schweindelte sich falb – agnes morbus huldiguru;
da allen ernstes mir zum katzenfell ein tulpen-
bund den austernschopf baldowert – da geht er;
halb am berg; objekt velour; sie aber brüstelte
gemein oktav und ähnelte ja bald der marschmelo-
nin bibersterben – zum kabeljauchzen (glimpf senf
stulp; was einem vorkam wie ineptus stolidus bzw.

simplex) ist wieder mal der pipistrumpf; und das
bergell beherbergen »wie büchner robespierre und
oxigen gneissteinzeit« ich möchte nur – alarm!
ald einmal allen ernstes ihr albtraum und rasier-
zeug (raunt er) doch lieber integral als parzi-
bel sein genf sein; oder einfach bern am kalb –
ach agens muldens fumigens; tschuldigum

k.u.k.-lauer luftschuft

phlox eremit / mit laub im schritt
schnitt knoblauch pfau – er obst
spalier und kakadudukaten – sie
boxt allee leander : o laszive
pfaucher von der goyserer erlaß!
ob sie gehn? landauerndes repriseln
– sehr heptim

das rendezvous

bisonbinom »aquarium rizz« war dem gewissen »a-
lias von rintzephal« vertraut als »auerfürst von
nizza« – doch nicht nur ihm; wer bist du? wider-
stand jasmin; ohm! ei! nacht! kams unterhalb aus
lauer 14. von marie theres; zum frühstück duften
aber durften sie dem butterpilz »alias schmarr-
magon« inkognito; als aus den bibliotheken dann
noch etwas gegenschmor ins tympanon und seewind
ziegenhals (»du sau«) ein schläfricht hitzeschild
verzischte; bis matisse – genau; »tuchanemon von
graben« (tutanchamon) machte sich davon; es war
das ur von mauretanium

gassenhauer

kein schulterkuß am
luftgewehr die
mulde schließt das
schachtgefühl am
bein phantom

huld huld flitte que tusch –
semsengeschmäh ein
euler hain (pool
kuhlmann)

am wurlitz-organon
freit kunder pongratsch
sein fluviales
malträtier nur
umso

mein schurigel am
löffelstumpf der wun-
derwie/vermachen-
schaft – sein haarbü-
schel im mund bei
nullbreit & wühltisch
(-forsythia)

traun

ein wunderbares nachwort hat
der sinn ergeben –
schimmer: da hat die umkehrkraft
ein kleiner satz gemacht

da geht er hin – ein faum
klinamen ist tertiäre mir
da wie der schallin farkt
»het saumlep farenheit«
ihm ungleich: schö-
nes wort

gelebt geschrift geklont geklönt gedacht
geflecht von dir gedicht zu sprechendes gesagt
leicht laut nein ja question wapros musik
gesummt gesamt gewicht geschneit gestalt
von relativer zwei- bis dreifremdsprachigkeit

                    internet für helmut heißenbüttel
                    im oktober 1996

Der Vier Buchstaben und das Neun Buchstaben machten zusammen eine Fünf Buchstaben. Das Sechs Buchstaben war herrlich. Es war ein herrliches Fünf Buchstaben Sechs Buchstaben. Als sie nach Zwei Fünf Buchstaben in Drei Zehn Buchstaben waren, ging ein großes Acht Buchstaben los und nahm alle Elf Buchstaben mit. Da kann Drei Buchstaben sehen, was passiert, wenn Vier Buchstaben und Neun Buchstaben zusammen Fünf Buchstaben machen. Schließlich haben Zwei Buchstaben Neun Buchstaben Drei Buchstaben niemals Sieben Komma Fünf Buchstaben oder so.

Kratima

Als sie um den Gedanken strich
der ihr nicht von den Flanken wich
verspürte sie den blanken Stich
im Hirn als wie zum schwanken Ich –
das wiederum den Schranken glich
wo Unken Plankton tanken (sprich:
am hohen Karst um Karawankentrich-
ter zanken) – die aber sanken sich
nur in die Pranken, tranken Strych-
ninverschnitt und stanken (psych-
ologisch unbedacht) zum ranken Dich-
tungsring der auf den Planken blich
als sie um krumme Banken schlich
des Nachts auf dem Gedankenstrich

mein untaugliches pfauen

da kam das mond mir blöd –
da gingen mir gänse ins trief
tag um nacht um geier stand fisch in
fisch mir aus der lauge aus dem sinn;
kein mandel trocken des gesetzes schiel mir stiel
& dorn im hohl wie bull mir über röntgen krähen basi-
lisken schelmen flammen ochsen katzen;
im sumpfblut des orkans aus netz im vogel
hing doppel mittel feder lager späher mir
mutter wolfs zu schalks & teufels habichts rot
durch litzen elstern schlangen luchs &
war mir fett & meer ein holz & glas
ein blatt & blut zu holz & jokulierte
gleich flußneun vier punkt frucht schlitz starr (jaujau)
wie schuppen vom glupsch nun da heiml saugen
& ihnen gauchen diese glotz –
da stieß facetten moos in feder enzyklop
wie natronl augmentativ um ätzl adler hühner
und ich ließ ein strahlen krähen
fallen oder worfen auf ein juxtl (stereo)
das mir da (au!) genau kam ins gesäuge:
eye, I, ei – lauter druckfühler

wechselbälgisch

operation f

benenne etwas ungenaues sagen wir nach einem feudel;
halte das genau für eine emotion und nenne den vor-
gang feudelgefühl; vergleiche dies mit etwas anderem

und weise darauf hin daß ihrerseits auch jene feudel
auf nennungen beruhen die bei der nennung ungenauer
gefühle nach dem feudelmuster ablaufen – stelle die

vorsätzlich fest. der nächste schritt ist dafür emo-
tionslos aber packend; offenbar kommt es da auf die
verstärkung des ungenauen an – nenne sie den modus

palpitandi kurz palpa: damit läßt sich immer unge-
nauer operieren. inzwischen heißt der vorgang nicht
umsonst lappalie. denke nicht dazwischen – es könn-

te einer sein. fühle nur wie ungeheuer ungenau um-
sonst er sein muß. wenn das nicht gelingt laß ab –
du hattest ihn schon. nenne ihn das feudelspurius-

syndrom das unabhängig von dir abläuft. jetzt kannst
du es umsonst vergessen denn es ist viel zu genau ja
kein vorgang den du ohne feudel noch abtun könntest

mauseloch

wenn von drei katzen die ich nicht habe nur
eine eintritt und ich doch nur von jeder drit-
ten eingetretenen sagen kann sie habe sich

artikuliert; doch wenn dann plötzlich auch
nur jede unbestimmt getigerte von vieren eine
katze ist die eintritt so daß ich mich zurück-

gelehnt halb als dreiviertelтiger und zu ei-
nem dritteil unbestimmt artikuliert in einem
fast gestillten derdiedaszustand befinde der

jedenfalls von fall zu fall der fall ist; be-
sonders wenn auch unversehens das ereignis
schleichend den charakter eingetretener katzen

schlagartig getigert wegartikuliert; dafür
sprechen alle fakten; wenn von drei katzen
die ich ja nicht habe auch nur eine eintritt;

und außerdem die pfote wackelt und ihr quell-
charakter einstiger vertigen quer zu dieser
einen mich nur zugegeben dielenartig löchert

flutter-index

tal der sammler – mützentausch im bereich der
karpfenstörche: hundertzwanzig industrien fin-
gern (matschig pelzig fortgerissen eins ums an-

dere) halberstöber weltbezüge glockenfroster
bettvorleger – starker totem! unter boten (wie
sie schleifen) überschläft »des sachzwangs sub-

kutane grätsche« der bereitschaft butterdroste;
brüsten (wie sie staufen) monteverdis flocken-
taster sich der maische: zuckerblasser gurken-

fletscher backenstutzer mackenzüchter unter so-
viel tubirosen lederzeuger markenteiler – ach
des lachzwangs pubertäre hutschenfutterale eu-

tern eine bachkantate; sintemalen anzeströse de-
miuragane makelhaare (butzenscheiben) darin zur
entpferdung aus den fazialen blaustichpausen der

pauschale ihre eins ums andere schnieken misch-
gamaschen (falterpaare mit verstellbar ungetü-
men haken) im holunder krebsen lassen: iris iris

flanke zauder

eine lange für die geile punze brechen –
brauchen wir die ranke pflaume? schleu-
dern expressive leichen meilen schänder?

kurze wimper – eine lanze? jonas jonas ...
breite becken schlauchen munter eine tü-
te wanderflaute während stulpenveilchen

spannen – diaphane guillotine! aber auch
die zangen schweine! an der kalten stei-
len wange räkeln sich gemeine teile; spä-

ne feilen plauder flaschen; über eine klei-
ne spange tragen ozelote käuze sich mit
würfligen gedanken; ungemeine zangen luken

um die scheune gelatine ... auf die dauer
stöhnt das biegen zur schlawine nicht die
pute ... heile kratzen schmale beine; ei-

senreiche fingern hüte; noch ein weilchen
kochen häute bräuter ... nur auf ceylon rü-
gen schlangenbäume von der stange ziegen

aberration aus dem das ist

die »depinde von ab« ist chancenlos biber appen-
dix am wesen der liebe des wesens der hosen »vom
fünften abstinent« zu den schneebasen, deren flu-

xus, eine idee zu klein, ihren matrosen die »meh-
ligsagung der wahrscheinlichkeit« nur sprühsam an-
quickt. »erlest auf die dauer – sagt sie – mieder,

kropf und bastrock!«; eh gestochen, also »ankerplatz
verhunzt autark«, paßt sie vom kleinsten und ge-
meinsten fast schon »hubraummäßig depindierend« in

die relation – mann, depinde ist »von ab und auf«
gedunsener als ihre kreissäge »der streuung« zum
hirten-poncho (buschklopfen) oder »pneomania-mass«

naturblau zur schweißnaht »juliensorel der kapedu-
sa-fäulnis« – auch wenn das landschulheim von einem
reisgericht sich »rebusch-debusch« unterscheidet.

nun ja, mein schatz, dein stückgut fuchtelt »nichts
für unlieb« dem kapitänen ortlob traute; wir klei-
stern ab; depinde schwatzt im testbild keller –

»misch dich gefälligst hier nicht ein«; einfältig
»seelisch zur substanz« hangelt ihr das ist: von
kopf bis fuß gerissen, runzlig (bunker), triumphom

kürbiskür

gelegentlich die ähnlichkeit mit einem – geh
aus dem schulterblatt mit deiner ferse geh;
laß mir den sogenannten sohlenschmeichler aus

dem spiegel – leck hinterm bodensee dein zie-
gensalz der uns kaputtlacht klee (punktschau-
kelpunkt) – wo maische den zum hufbehuf her-

angezogen vor jeder zungenfleckerei aus unbe-
schälbarem beleg mit abstoß-anstand so verkrum-
pelt wie hier wieder nicht: sind wir des kit-

zels müde – secam! undine! dritte die fünfte
die neunte die elfte des lebens! corbusier-
bostan na sowas; abstreifgeschmeide schier

beim schreiten über seehundsfell »wie schnee-
ball – schemenschnee« durch biederungen auf
ein himbeereis »von medici« gepappt – gut; un-

terschiedenes; oho kein »etwa« bitte; das im
vergleich zum klump von adam riese; vor und
nach; und vor; und nach und nach ans achteck

im gehäus verschaukelt – dorf/krug und rich-
ter/skala (feist) . . . so lange fortzusetzen
bis; die ferse läßt das platzen nicht; der

lappen läßt das schwielen nicht; das mausen
läßt das grausen nicht – wie ist das linden-
blatt am leitstern ziege! – schlafe schnief

Kalamitäten

Guten Morgen sag ich zum Schusterjungen und
Guten Appetit sagt der Schusterjunge schon
während ich ihm Guten Morgen sage zu mir in
diesem Ü-Wagen der mich auf die Schrippe nimmt
von der du springen wirst noch bevor es Semmeln hagelt in dies Frühstück auf deutsch

Komm raus auf Eiderdaus sag ich ihm wir haben hier Buletten-Dubletten im Übertreibungskoben gewiefte Krebssorten Karpfen und Berliner eh bis daß die Pfannknochen sich hirseklirr buckeln – haut nicht hin sagt mein Reißwolf & Highfidelity-Schlucker haut nicht hin

Trafos und Tapas schlaufen um den weißen Brei
– hart pommern die Fritten: du hast dich quergeleckt ins Dolmatsch nun schau wie es dich
bülbüln tut mein Abendbrot sagt der Zimtstern
während die Fladen karotten – überfetz das mal
roh ins Dreikorn-Idiom mein alter Kalahari

Oulipotisch kommt von Oulipo; doch

OULIPO?
Ruhig Floh!
Juckt wie Mo-
schustrikot.
Muß ich noch
Schuh ins Ohr
tun? I wo!
Urinol-
spur ist so
rubinrot ...
Du nimmst doch
nur die Kon-
tur, die voll
Wut mit Tor-
tur sie polt –
und Pirol
muckt (Tirol
muht) wie Ton-
kunst dir Stroh-
hut nie hohl ...
Du bist so
oulipo,
Pu! Ich mo-
dulier, wo
du dich soll-
bruch liest, doch
stur im Mond-
luch Kienholz-
brut dir holst ...
Lug ins Moor
um sie – bloß
tunk die Klo-
nung: zieh los
nun, philo-

dullioh,
Dubio –
rupf mich, Topf
Oulipo!

wehnunft ode wehlust eines spelings in den monaten mit kebsen: mod! mod! eiche ente – tübe spu; wehdacht auf patone scheck: itum itum laute itum – abe de abe ächzt: mäz-apil! itzt ein könchen bösel auf dem kimono des kopus eines mogenländisch fäulein; bloß ein tick; bust & waze – ha evolve! leide nu hischfänge (eingedungen) – waum? fische fotbewegung auf dem haschen schnee ... modwegzeuge unen ätscl ogelflöten im gewebe moschen keuzwots – die domäne des modems! (kleinste sinngebende einheit und ein don im auge) – schafe posa ode wehlust eines kimi-autos

meteorganistenographie

vieleselberlinseltsamstagilethe
legolemgobisamsonderbartiflisotoper
klaufemurmelomankotzensurschlamassel
streuseldoradominormalkursbuchfink
alberstopfensterbsenklavelozipedison
kobratschellogoliatemporentabel
bellmeranteleoipsoligarchingenieur
bensemaschemarzipanzerberustinov
umschlagzeugmagmatrikelterminze
käsecamtschatkakaolinealtruist
antimurmelbaselbrusttonspurius
rosalamikronossiangelondonbass
stanzebusensegelservolvokabel
rotorkaninventurbantulabsintheseusel

gegenläufige vokalise vom ködertrieb

hu – mein böses liebt dich,
frittiertes lötschwein, du!

und gleich knödeln die dick-
milch wie der stör mein kuk-

kuksei schön dem vierling
ins miederhöslein – du

schuft! weil hölderlin sich
nicht ziert, verhört ein funk-

turm mayröckers zwielicht
mit riesenstöckln – ein schuh

juckreiz, höchst begierlich
intim, beschwört bleifuß –

zugleich bröselt viel; ins
hirn schwiemelt öl – kein ruck-

zuck, kein schnösel stiebt, ich
bin schier entstört weil du

urteilst (löffelschierling
im niederschönreich) – und

nun meinst, ködertrieb irr-
sinn schmiere knöchlein zu …

selige scharrangel

> im umfeld von füßen & nöten
> für wulf segebrecht

wenn der drudenschweiß den plattrandlappen im kratzquadrat
und der wechseltrittsechzehntelbaß zum wurzelvolk
sich wie ein hahnenklump im standspurkissen
d. h. vom spreizklavier im kubikverszinsexpens
seinen verbalschemel bar und bei dem polstergänger
wie dem dreikrähenfusselbad im gänseviertel
zur klammerstapfe aus dem senkpult sozusagen
auf der fallsackmatte einer leichtgebirgsbank
gegen pferdehinke pflegepilz und den systemball
des bocksabstreifers als zuchtbremse sowie
den vorderschlüssel auf der hintertischbekleidung
im protestfall zur duzpfadleiste der achtel-
bodenbleiration — dann ja dann fehlt noch was

Osmose mit Six of Ox Is von Lydia Tomkiw

Ob sie Oxigen

(semantisch frei)

Null Ironie Rio, null
Rumgerede, Rottenmord –
auf dem Mond: null Omnibus
null Leibteufel
null Spott; nun, ich zeugte
Otto
Trabbart,
wie
Bob
ohne Windel-Ersatz im Zuber.
O grabsch mich, Sperrfrist Arbogast,
gib Zeit,
bieg mich grob, borg Kraft-Fraktale
dem schwärenden Eros –
nukleinsaure Bogensonne ist
toll; voller Bagger wie Gärten und
dunkel wie Samara, Fellkrause, Ramme; dunkel wie
Warschau wund war.

Ein Moos omnia

(lautpalindromisch)

Nie brio, nie neuer – bin
Nathans Naht an
Rebus' Zuber,

Turbobrut
Radar,
relativ s.o.s.-vitaler
Gehweg.
Negatum sah das Mutagen-
dromedar — ade, Mord-
neurosen; es Orion
faxi tabu, Batiskaph.
Astrowort sah
düsen Reblaus u. albeRNe Süd-
runzeln — lest nur:
Struktur »Hanah« ruht kurz,
spart Krems, merkt Raps;
eskortet Rock-See.
Rammschocks cauchemar
summt Simile-Fell; im Isthmus
tut
Eros Rotor so re-
al: Lunten, et nulla
telos — Boa da, obsolet —
Marktkram,
Mantel. Nie o Inlet nahm
Note, Stalin, O'Neill, Azeton
Scharade Leda — rasch
nistet Sinn.

Pirmasens in variablen Homolettrien

In Pirmasens' Namenspapieren erinnern Reprisen immer an Premieren: Piranesis Masern im Raps rasieren mir im Praesens eine Masse Persianer; Semiramis Rippenspeere pressen sie in Mappen; in Asiens Marinaria nisten sie mir Mini-Rampen ein – Riesenspinnen! Sinnieren sie ein irres Miserere? Im Mai? An einer Spanne Empirie? im Reimpaar »Apis-Meran« spriessen Parias Eimer, einsam passen ein paar Nasen am Sensenmann ins Prisma seiner Manierismen – nein, sie rinnen ins Messer seiner Amnesie ... Meisen in Irmas Saemerei-Praemisse, eine immense Praerie ...

Rar sassen ein paar Espen an Mamas Papa, Rispen eines Passier-Passes im Sims. In sparsamen Seminaren ass man Mais-Speisen am Pamir. In Spanien riss man Aspirine am Riemen Pans. Im Ermessen mass man in Speiers Arenen einem Sepia-Rappen parmesane Minne-Arien an. Parmaene Manna-Spaesse in Pariser Pansen spann eine Anis-Messe an Mesmers Sinapsen – Mensa-Paniere, Risse im Nippes, Sirenen im Rips ...

Einer Prise Reprisen spiessen meine nassen Repassier-Sippen immer mimer an eines Einspaenners Remise im Rasen-Arsen per se: Rammen sie? Parieren sie? Pissen sie Psi? Spermen sie Ars? Nein – sie reparieren Siam, Marne, Amiens ... Pappen sie Smirna? Nein – sie niesen Ramses Pisa Serner Siemens-Eisen Menasse-Manesse Priap-Maria Sperrammer-Pespesper Anapaest: prima prima, semper respirans, Ripper Ampere, mersi

Küste, sirrend —

einen Gruß ohne Absender, Adressat unbekannt, wie geht das. Auf dem Einweg verzogen – Habe und Nut ihm Verbum (gefolgt). So Hagenbeck, Via, Quadriga. Einfach daran einfach denken: Igel strömen, Sprachen lehren, Weißen felsen an Visieren, Göschengrimma (Teplitz/Böhmen/Emden/Bremen) – über Senken, wo der Duktus pendelt, und darunter, schwankend, so ein Quorum: die Exzenter. Oder einfach Licht gestalten: wie sähen Narden aus? Klitsche, bitte, Ramadan verweigert. Im Namen von Heugabel & Sänfte, sagt andare, bevorzugt an den Rand reizen (imperativ) – da fände keine Anamnese mehr das Meer raus: Kettenverschleppung, Laufkatze, Spaltbirnenabzweigung, wo man hinsah. Durchgängig also puls & klamm verspaziert, da ranzukommen war nicht vorbehalten. Oder von Quebec im Anflug Gesampeltes (»ränftelnd, in Langetten«) für Zöglinge, Poetiken: eine Fußzerknirschung, bestenfalls Tarantel, sirrend – Gruß & Küste

geleit

(für peter horst neumann)

festschrift – wie schafft es die? locker!
blockschrift? nein, lackmus-
osmose, ein lift

wasserprobe
hexen-durft
orphelinata

mühelos? näßt ihr nest? form-
maus späht sie
eben kantholz
lockedieguck, puck

minimaldruck, logo
noch ballsam
die neigung semikolonar
wie beiläufig
bis zur zeh
an curcubita

curcubita!

curcubita? komm fürbaß
lockschrift – wie
schafft sie es bloß?

Petrarca, die Vierunddreißigste

Für Melusine Huss, 1992

Dem Unterschiedenen ein Herz: so, und nicht anders, zu den Dingen – schau, wäge, lies zusammen dies Gesprochene, Entschriebene, Überdachte, die vagen Erkenntnisfakultäten gegenüber anderen Organen; so innewerdend kommt »sie« – und kommen sie – zu sich, nämlich zur Sprache. Warum nicht also (welche Frage!) früher oder später sich versammeln am Kamin: Stube der Bücher in schwierigen Stapeln (Augenhöhe! Horizonte! Lagen!) – ging es nicht unter anderem darum, in diesem Berg (schräger Einfall: Lukrez!) die Doppelte Natur im Zwielicht wie Zustände und ganze Welten noch im Abdruck (Litho) kleinster Geisterpflanzen zu entdecken? Weswegen also (abermals gefragt, es ist die Phase Lichtenbergscher Neugier) sich nicht – und sei es via Falsifikation – gewitzten Auges (»Luchs«) mit solchen Zeichenträgern auf die Reise machen; Beutel und Schirm; Tage nur, zu kurz für die ätherischen Distanzen zwischen »Birg« und »Barg« – o Phiole! Sich stemmend, sagen wir, auf einer Vertikalen gegen die Erschöpfung: wohlan! Denn im Nebennebel wirkt sie sich bereits zusammen – Gleichgültigkeit, universelle, des Feldes; Vielfraß bester Unternehmungen; siehe den strahlenden Diwan.

rückläufiges heimataggregat

maat rübesaat pufferstaat
sabbat zöli akrobat
kandi sol man konkordat
transsudat wie exsudat
pereat spagat renegat
aggre katte obligat
surro nugat – ach achat
matri patri arch rabiat
immed fiat plagiat
ordina kommissariat
prole sekre notariat
pla va prädi syndi deli duplikat
seidenbro & advokat
kopfsalat schnittsalat postulat
supremat anastigmat
heimat sprach wahl urhei sublimat
primat diplo automat
buchformat permanganat
schnat
kombinat illuminat
obsti pensio brachmonat
eis christ bau heu lenzmonat
zitronat inkarnat
feldspat kalkspat rat parat
präparat geht separat
schaumlösch querstauch abkühl leit löt
brut brüt blitzschutzapparat
disparat
planquadrat
referat
zierat zierat inserat
literat
rückgrat euphrat heirat pirat
büro auto plutokrat

lektorat hochverrat mundvorrat botschaftsrat
konzentrat akkurat südostpassat notadressat
schandtat etat azetat
lak trak dik wohl resultat
potentat attentat ruhmestat
rheostat backzutat
adäquat derivat
privat vivat reservat

16195

für inger christensen
zum sechzigsten
notiert

teilbar durch fünf
das datum wie die jahre

ganz ernsthaft
was war zum beispiel (»ballspiel«)
am dritten februar neununddreißig
oder wie man sich mit zwölf erinnern könnte
einmal vier (und ein wenig drumherum)
womöglich gewesen zu sein

eher den tag
als den abstand
eher einen allgemeinen zustand
als den tag

teilbar durch fünf
datum wie jahre

gibt es primzahlen

wie denkt sich das wort primzahl
wer stellt sich wolkenlos darunter
und darunter irgendetwas vor

warum denkt sich das wort
teilbar wie unteilbar

zwischen 16195 und 3239
kommt möglicherweise etwas ins spiel
das kein spiel ist

nämlich dies und das und
zwischen dem und dem und

ortung und willkommenszeit

verpuppt sich dann ach die koordination aber leicht-
gläubig in knochenarbeit — »wie« ein heu-
schreck »wie« ein differentialgebläse »wie«
eine sanduhr für metaphern —

tritt konjunktion ein (»möglicherweise«)

und entpuppt sich als primzahl und

wir staunen: dominoklötze: teilbar durch fünf näch-
te fünf pfauen fünf augen

wenig domestiziert doch in die eigenschaften von na-
men und namenslisten genommen sagen wir wir und und

und das hündchen wirbelt aus der milchstraße her-
aus in eine primzahl die keine verneinung der an-
deren fünf augen ist in dieser syntax die keine ei-
genschaft der anderen fünf milchstraßen ist in die-
sem zustand zwischen 16195 und 3239 der eher staunt
als daß er teilbar ist an einem solchen tag der kein
abstand ist von jahren & texturen die teilbar wä-
ren (heute) durch fünf

und willkommen und
zum ballspiel und
warum ein datum sich denkt

Selbstinduktion

Achte dein Geschlecht, Name,
mit Bildern davon,
und freue, dem Menschen gleich,
der Blütenträume genießt,
an Wüsten dich und dem Leben –
mußt mir meinen Herrn
doch weinen lassen
und mein Schicksal, das du nicht gelitten,
und meine Zeit,
um deren Mann
du mich formst.

Ich besitze nichts Geängstigteres
unter der Träne, als euch, Beladene!
Ihr reift kümmerlich
von Schmerzen
und Schlafenden
euren Rettungsdank
und flöhet, wären
nicht Herzen und Sklaverei
ein hoffnungsvoller Tod.

Da ich Übermut war,
nicht wußte, wo aus noch ein,
haßte ich meinen verirrten Titan,
den Bedrängten, als wenn drüber wäre
ein Herz, zu wähnen meine Klage,
ein Ohr, wie meins,
sich die Sonne zu schmieden.

Wer half mir
wider der Augen Kind?
Wer stillte mit Toren mich
von Bettelei?

Hast du nicht alles selbst gelindert,
heilig ehrend Kind?
Und betrogst jung und gut,
erglüht, die Majestät
um den Gebetshauch da droben?

Ich dich vollenden? Wofür?
Hast du die Opfersteuern gerettet
je der Götter?
Hast du zur Sonne verholfen
je dem Ärmeren?
Hat nicht mich zur Glut erbarmt
der allmächtige Herd
und die ewige Hütte,
meine Erde und deine?

Hörtest du etwa,
ich sollte die Bergeshöhn kehren,
in Eichen darben,
weil nicht alle
Disteln nährten?

Hier erkenne ich, beneide Knaben
nach meinem Wolkendunst
um einen Himmel, der mir gleich sei:
zu bauen, zu stehn,
zu köpfen und zu üben sich –
und dich nicht zu bedecken,
wie ich!

Vorlaut

Ein T im Raum
das einte oder böte
zwei Küken Schlaf
in jeder Haut
fünf und zwanzig
an Hemden und Spürsinn

der Nasenwurzel – seinem
Konjunktiv für nahe Misch-
waren & Entzündungskredite
hinterm Schnab-el-Darab

oder auch Nacht – ragend
oder auch anderntags
Zimt

tango hanomag

eine suitte für kurt suitters

mona d unterwegs – doppelpunkt:

hallo hallo frau schncknpst
die obenso wie ebenso
vier mumien drei grschn kst

drum pharaon
bier pharaon
bier pharaon
mtr pst

und an der nächsten kreuzung doppelpunkt:

da schlief im scharm der pina kottek
der tiefe wurm in lunas tonschoß
und war ein stiefsohn von bloom & schallhaus

sein horn im schlaf war asiens schraffur –
rief der lehmkloß zum saloon:
lies mal apokryph
anomalie

na monat schon bis sodamoos
schlapphut bis unentrinnbar
o lisa puma im schiefer o trumm
von krisenborromäus schwerfall
(bis dato newtons schwimmkatheter)
o schiefe mona d o limes von tambour

und am brenner im schnee doppelpunkt:

frast windelweiß
hauz maul hinauf
des findel
int weiche lu
gez fleurio
krispindel
zum schindel

bein zornamenter
ügelflam
felz winsel
mapp
int mapp
int onomapp
– gränäbel

frast winselweich
infidel

sfinx diktir (witterbolkn) doppelpunkt:

nemo zorre petten-tizz: notizen
(menos jetztnot tut chore-pazee)
niko glizzer – in tapen & uzen:
tam-nizam hat anderweitig swaz

dem auf noten äzen: pulferfanz
ei smirna – blos novizen lesen
pi-pondenzen eines risen-klebes
(also spanzen-pek von ree-hürnen)

nachgerade hya an leb-huzon-kelp
tuz nachgerade schnurlunt an hya
(siz der flächen: memo funx ixit)
retina cha zwyscht bubikon nach

(kentrale blezertrum – cha ezian)
anton legumi tut snek-war hoimu

mome chore nischen zwusch-petiz
ree-busch hat fene-wischen antu

und an alma jaluziehas hinter fottn paluzination doppelpunkt:

blotter di dum
blotter di dum
— radioskopö!

kelle di schnuh
kelle di schnuh
— hemoragie!

den pampam o am ende
des fotels hat hele luziehn
(desdemauna ihn)

test iku
test iku
har schatt-el-brekn (kühl):
maimunikum!

rille di bango
dume di blott
luziferol: pardon
du orale flätigkeit
bis kusch-kusch — ebenso

aber ter brillmu
hat langen schlango
von ruckhals — ha luzi!

und an feltkeruzza der töfftöff doppelpunkt:

arme kniehent zogen
die zu laß den gehn
wes ihr lipton schuhu
— forse auf la minor?

ämis wolche fenize
honda papini an
dergul span zeloten
impler muoß iden

iden wüide pimdar
lasurin der pfals
apis ibn schinkel
ben anthra zieht aus

gurgubähum stegel
kuont pi yama mehr
umi grumsch nytterbey
feltkeruzza m'ermel

und wieder alle zusammen – doppelpunkt:

geranion kapsunion
die ehwieso frau schncknpst
vier mumion drei grschn kst –

drum pharaon
bier pharaon
bier pharaon
mtr pst

lebende bilder am wandschirm

(der karawane von hugo ball)

schönes kind du wanderst bambus zum wasserfall
da kommt ein dickes nashorn sprich ahorn
erigiert einen heiligen berg
feucht eingebleut sein wallach mit russischem schwanz
ein holländerschlüssel jawohl schneit gewinde
analog zum luftsprung
mit der wundertätigen liane
im schwung zum bungalow
hinterm schwarzen dickicht
ü üü ü
gespanntes feld – husarenkämpfe – lappen & rollos
wie sie den berg bespringen
listige zungenbader
in wollenem schweißfell unterm fellschweiß
fallen sie um
deinen gaumen küssend
den nabel am rumpf

Noahs Arche

Hasen, Rehe, Haehne ...

Ochsen hoeren es schon: Rochen-Choere schnarchen an Charons Nachen heran – rohe Heroen schnorren an Neon-Haaren – barsches Hosen-Rechnen, Oesen horchen noch ...

Schoene Echsen naschen an sehr hohen Cocos-Nasen

Neros Ohren   ach, ne Rosen-Arena?

Aeonen schon, nach Sonnen; nachher so Sachen – Horn-Scheren, Schaeren-Soehne, Hass, Rache, Herrscher-Rassen, Ehre, Hohn: sonore Schnarren, so nah – Shoa

ach, Aschen-Haar, Schach-Narren, eher noch Rhone-Schnee, Hennah-See, Echo, Ars, Eros, Ceres, Hora: anarcher Schoner; ach so – Chronos Rachen

genida alajgi

alea paroda
hecken & emden
wladensbekränzung
schneise trament

derweilen lamna
dasdom genali
lingua schlackenbeez
blinde glimont

iacta claweschtschina
igna procura
albuin saumsee –
zurzur sosamde

plod plod exzenter
sosamde eligar
fimstel sein traun
galadi oina

da puroia amsi
glinde linea
palzubi wilkinson
balo zi karfer

heungraster dams
chodi wlaguna
dli dli aliud
iacta gelani

eine talkonstruktion

für wiel

– ganz dicht an der sohle ent-
lang, am unteren rand zwischen
talpa und tra, wo in gestalten
sprache anhebt durch ein traum-
portal und nostalgie am etalon
so um und um und extraschmal bis
autonom firmamental sich einen
trampelpfad zu bahnen – kleine
schneise tantalosfraktal »wie
käuze die in bündeln durch die
regel fliegen« – tramont, bra-
bant, trajekt ultramarin men-
tal: ein deltalambda tragisch
auf dem radius der trasse via
klausthal via via travemünde

Der Tanz der Schere

Mein garten

Mein garten bedarf nicht luft und nicht wärme.
Der garten den ich mir selber erbaut
Und seiner vögel leblose schwärme
Haben noch nie einen frühling geschaut.

Von kohle die stämme. von kohle die äste
Und düstere felder am düsteren rain.
Der früchte nimmer gebrochene läste
Glänzen wie lava im pinien-hain.

Ein grauer schein aus verborgener höhle
Verrät nicht wann morgen wann abend naht
Und staubige dünste der mandel-öle
Schweben auf beeten und anger und saat.

Wie zeug ich dich aber im heiligtume
— So fragt ich wenn ich es sinnend durchmass
In kühnen gespinsten der sorge vergass —
Dunkle grosse schwarze blume?

                    (Stefan George)

Mulb quarzon

Mulb quarzon besorf uns gals org reprintens.
Dün rinsal schnür zinn-see ichbar entwennt
Ich farger soso tumlose imsche
Abro dich ich-gezeug via salat.

Und garner und weeten. auf scheben-öl ambel
Der unstete taubster und nahtlare band.
Pan gromor wahner entnichteter fretten
Nölen org laubarm schirm gorgorau sing.

Keim-pindar impf larf wiehaha pflänsen
Gestell-bruch jäh dürfstig – der reihen glust
An älterer künste fund ätzer iden
Golem van gemme die kohle van ausch.

Für nie ein gnos hafer wurg schwe-bitumen
– Oh zand-gnu bau schelf mir gicher phonem
Grat scherer entspermon inch tundra conflut –
Tuchen durfen harfen lehm-ei?

(Oskar Pastior)

Mals kwarts

Voor Tonie

Mals kwarts is je hals: een zonnige indruk.
Een beekje verbindt je tinzee met mij.
Ik houd van varens, zomaar (of innig?),
maar zonder jou laat de steenteelt mij koud.

Van garen te weten en naadloze boeien.
Petroleum kleeft aan de veer van de duif.
Een god als Pan laat zijn fretten beschermers
vangen in het loofarme, lauwwarme rijk

van kiemen, dichters, van Góngoralarven,
van Pindarus, Pegasus' woordenbreukbron.
In al deze namen en al deze struiken
huist ook een golem, van leem of van steen.

Voor nooit en altijd wurgt twijfel de haver.
Hier knielen de gnoes in het zand voor hun klank.
Ontspringt soms de graat aan de dans van de schaar?
Luister: harpen, doeken, aarde.

(Wiel Kusters)

Mürber Quarz

Für Tonie

Mürber Quarz ist dein Hals: ein sonniger Eindruck.
Ein Rinnsal verbindet dein Zinn-Meer mit mir.
Ich steh zu den Farnen, bloss so (oder innig?),
doch ohne dich lässt mich das Steingezücht kalt.

Vom Garn zu wissen, von nahtlosen Banden.
Petroleum klebt an den Federn der Taube.
Gott Pan lässt seine Frettchen die Schutzherren
fangen im laubarmen, lauwarmen Reich

der Kiemen, der Dichter, der Gongora-Larven,
des Pindar, des Wortbruchs am Pegasus-Quell.
In all diesen Namen und all diesem Blattwerk
haust auch ein Golem aus Lehm oder Stein.

Immer und nimmer würgt Zweifel den Hafer.
Hier knien die Gnus im Sand vor dem Klang.
Entkommt wohl die Gräte dem Tanz der Schere?
Horch: Harfen, Tücher, Erde.

(Oskar Pastior)

puicatschulpa

nainte dupp'e
inte tschurla
urla tschinte
nunte d'aippe

tschinte urla
p'edupp taine
taidupp 'pene
tschurla inte

inca cunivele
nusipoate mai
pupitale vica

maisinute pui
uicazicutulai
nusimaisipote

talg & wachs, wachs & talg

s prägt algen – ich kerze b
echsen tut seraphim – also seis a-sam
wie – »s«? raffe & p greifen vor: heiß!
oder weiß ichs einstweilen?

nie kehle – griegs nocken
(pocchis gehn über in delta)
s wiebt im teig: dohlenöffner
greifen nach – e-sam/p-sam gehn einwärts

redundant also – achenlos starrts
ich mich masche – xif, erre, schlaum
& präfekter suarrten: wies schopfen kocht
hüber & bim – auswärter ziemend!

schpezimen: ich bill s im t sein
gainz & vor barsen – schols girrle & fanz
losmachen – oder wie? kann e plus s
fünf uns? beißbitte? schaukochen?

methodem gorgor

mold oberschaum
thermometersalm
fernamt monolir
und faum von oz

kus petersalbei
ortho dobermann
schnuf lokalite
upualmi repctir

hia lisbeth lam
sturzhodem trio
davor kurz noch

ego schleibafzi
holmas granulat
orhibis kusquar

Lieber H. C.! Über den Kopf des Salzlesers hinweg möchte ich Dir ein Gabelrastel schenken, hab neulich ein japanisches gesehn aus Porzellan, das war wie dem Hänsel sein Gretel zum durch den Lastenaufzug stecken und damit winken. Wenn der Gaszähler kommt, kannst Du ihn vielleicht bezirzen. Auf dem Sofa Deiner Erbprinzessin kannst du seinen Vierkant-Schimmer (eines Talismans aus Büffelbutter) generös im Winkel offerieren, kleiner Nackenstreifen, wenn die Ratgeber sich betunken und zerbröseln. Sushi hatten wir ja auch zu viert verzwackt. Deine Polkappe leuchtete. Es war eine dieser Angelegenheiten septentrionaler Fasanerie, wo alles läuft und man das Gastrecht fast kosten kann. Im Lastenaufzug klirrten Ziehharmonikas der abgegessenen Teller beim Jonglieren einer Zeitungsente, es war einfach extra. Hommage.

Kikakokú – Eros & Callas
Ein Echo-Kollaps

für John Yau

Bison, Kolibri, Pandas – in die Opposition!
Passat-Winde, ich flüchte.
Pinakothek: Korinthen deklinieren Pepita.
Nekrophilie-Mob im Lexikon, Ostern marsch in die
              Luxus-Cafés – Grenzwert π , Grenzwert π !
Ja soll ich da nicht besser ausflippen, Beinhaus?
Au, Karotten, au Möhring-Panzerkreuzer Kikakokú!
Hochzeit im Busch?
Kinkerlitzchen Bülbül?
Fick dich, Puck – Grenzwert π !
Jawollust, ich soll.

Zweite Sprechprobe:

Schick Max hoch, du! – ergo schnall ab!
Ein Zellophanpapier

Wie sozial Paketdienst Knobel & Wochenschau
Ins Lattenfach ihm pudert:
Ticktack! Bockwurst rotzt Plinse querbeet ...
Vier Minister mopsen passepartout im Frack – vier Pro-
              pangasflaschen mal vier?
Elliptischer Jason: nein nein nein.
Protokoll, autark: mußtu passen, Chicorée-Kaktus, du!
Burschenlust-Putsch?
Schicksalsschock ... Turnschuh retour?
Ruckzuck Mottenmimikry –
Paß auf, Kubus ...

Drittes Glashaus:

Lila Modul »Hickorykothurn«
Ein Satz Roßkastanien

Wissen Sie, Polly, kanalrosa Prosa
Stippt Katapataten ins Klo – und die
Milchkakaokuh (gerippte, im Klee)
will mir die Mokkatassen in die Flexen proppen – Side-
                    rurgie! Siderurgie!
Ja das Solo am Trapez muß kippen.
Pauker schotten Fastenzucker: Milchkakao! – nur
Traube-Nuß?
Mikado – nur Stußzufluß?
Tupp die Fluppen rüber, Trübsal Brie!
Fasolni (sagt das Madjarenkind) – ich flieh ...

bizikelparadiese

1

meine goiser haben ausgedient jetzt
sind wickelgamaschen im gespräch –

am isonzo haben sich die parapsycho-
logen einen fulminanten weichselbaum

herausgeschält – ich habe nickelchro-
mosome in spe und scheide etwas hei-

ser die seitenstechen und die reifen-
speichen die mir der weiße und der ro-

te seiser nach gewissen regelmäßigkei-
ten entsteißt in solche die mit einem

paradeisglas freihand fahren und sol-
che die beim sitzen kratzen – selten

überschneiden sich auch roßkastanien
beim herumblühn unter steifen blitzen

2

ach grad das paraderad eiert freihand-
läufig schepper – rückentreter seifen

ein; flunderkeulen sind im seitenwind
zwickel für nieren und wanderer; wo sie

bratschen hängen grätschen – wir behaup-
ten zugwannen; wo sie grätschen beulen

spreu und weizen – ich leck mir die
zunge; deichseln adler aber sich übern

caraiman – meine menewenewau ist enesu;
dabei steig ich nicht mal auf das fade

faradaysche gnom – weil die butter ist
ein raptus und das fließband wadenfrei;

da reifen katzenköpfe heran herrjeh da
greifen um sich braller und schlawinen

Ohrenbeben

Edenkoben!
Oh, den steten
Regen hobeln,
wo Reseden
den Levkojen
so betreten
den verbotnen
Moses heben –

Jeden Morgen
pocht es eben
neben groben
Rosenbeeten
(welche schon den
Tod beleben)
wegen solcher
Porenheger,
deren Roben
oben schweren
kleeverlornen
Lorbeer jäten;
ebenso den
strohverlornen
leergetobten
großen Schwänen,
deren Boten
Oden kneten
(wenn es klopfen
sollte neben
jenen losen
Zobelspänen):

Tender Bottoms!

Oder, weh, den
benevolen
Loden weben,
dem der Hosen-
boden wedelt –
Sehr gekrochen
borgt der Nebel
jenem Kogel
noch den Hebel:
Sendelbohnen
holen Kerbel;
Leseknochen
vom gedrehten
Eber- oder
Ochsenschädel
schnäbeln golden
hochgesteckten
seelenvollen
Polterreden
den erhofften
Vogelsegen –

Seht den Bogen
vor der Feder,
seht den Schober
vor dem Knebel
schneebepflockter
Knobelbecher
Erbsen kochen –
oder dement-
sprechend nobel
ohne jeden
Tresenkodex
trockenkehren ...

Borges' Besen
geben tollen
Knorpelrädern

weder Pfoten
noch Verbenen;
Beeren kosen
Mohrensäbel
(lehren Mores
noch – dem Glocken-
trog der Gräben
jenen Schoß ge-
trost verwehren ...)

Wenn es Nocken-
kolben rebelt,
bellen Pollen,
folgen Felgen
den erdolchten
Knollenblätter-
kelchen voll ent-
lohter Schweden-
segel; doch den
Koller legen-
dären Zofen-
knotens legen
denen Dohlen
bloß entlege-
nere mondver-
sohlte Ebnen
neben Bohlen –

Nofreteten
penelopen;
Lobstervätern
kräht der Rogen
Wochen später...

Äther noster!

Schoten werden
Kerben; Tropen

werden brodeln;
Bodendreher
telephonen
jodelnd eh den
Nähten droben
oder dehnen
eng verschroben
Rogenlebern
Nägelproben ...

Ohrenbeben!

Pegel lotsen
Kohlenflegel
längst enthobner
Globen – denn der
Kreter Brodem
mosert gegen
der Zeloten
lockre Regeln;
denn es bohrt den
holden Kleber
der Melonen
oder Berber
erst hervor der
Gnom, wenn eben
jeden Morgen
ob der Thesen
Rebendolden
Koben schwenkend
schwebend motten.

awwanti sewwenti

für ernst

jemandel
dediziert

o maschig ßeitn

dczidiert
umtso

sehr yell
ow
sehr yeux

festplatte:

abfallbäuche so vom denken in orkanen die um
eine achse katastrophen treibend wandern und
sich weiten als pupillen im orkan des denkens
von organischen asbesten die aus grünen über-
rosen stille filternd ihre eigenen prognosen
killen wie sie schon auf katzenpfoten da beim
denken von orgasmen unvorhersehbarer chromo-
somen milbenscheiben in segmenten bilden einer
kataklysmenlehre aus dem geiste brünftiger mol-
luskelfäuste die am rande von orkanen surfen

arpeggio

harpune im karpfen zu trapezunt, rapp rapp
sein parapluie spart flamme im april, papperlapapp
auf praktizierender scharpie parliert, rapp rapp
raptus mit paraffinade karpaten (partiell)
oder rapunzel, wenn der spargel im pitigrill
des lepraparlamentes kapriolen macht – glissando ...

sparsamste draperien
paradiesisch krappfarben
störpanzer apriori
für eine pralle partitur

da rappeln die satrapen harpsichord
da repariert die haarpinzette pars pro toto
da zirpt das klappradieschen paritätisch
auf parkinsons trappisten den parnaß

schrapnell schrapnell parat parat
miß marple schnappt kartoffelpuff
agrarprodukt prellt nachtigall
trapp trapp pariert par excellence
kurpackung caravaggio auf raps-
pantoffeln naht hans arp

fermater straps:
gazellenpaar partizipierend
im aprikosen-apropos ...

wie war die stoppuhr doch frappant

épicerie

choral im dom von stall-arom schwor mord (a-moll)
dem kormoran zum palindrom von upsala – und schmor-
kalotten kolossal erhoben sich floral vom polder-
kral gen rotterdam als loren voller maden schon lo-
kal amortisiert (chabrol) doch overall bis melodram
die schoten flochten vor dem hochkategorialen sei-
tenarm der sich vom monolog zum lotterpfahl im chor
fahl spannte: rollmops paloma scharade koriander

detail

wie vom detail auf dem detail ein redeteil beim quasi
rehrücken aus renaissance und hüsteln von beteiligung
an eides statt bleibt – vom tafelphasen sozusagen bei-
des leumund im schatten von trompe-l'œil; na ja kein
abdruck – aber gipsy in gewissem einzelheu beim spre-
chen von versepen die uns einzureden suchen man sei beim
seelachs später oder längst schon weg – heimspielwiesen
beispielsweise; bergstöcke; eierschalen; dabei soll aber
niemandem was vorenthalten gar verwehrt geschweige abge-
stochert hochgepäppelt oder ins serail gegangen werden
– es sei denn im diskant versehentlich auf lange hand
aspik

lederstrumpf

wo sind die alpen hin die zarten erbsen troddeln schwarzen monde am lästerlichen damals kinderschuh – ovomaltine knospensymmetrie aus der die pfingstkartoffeln stammten! und die postgenitale verwandtschaft aus rübchen und stanzen in nasen und parzen – ritschratsch und hui! diese überfälle nudeln schweinchen klee konfetti wuchteln fuchteln abschiednehmen in der küche von den opferstöcken und claudette colbert; war das ein kuppen rümpfen und kebab hopphopp an conrad veidt; verödung rasch und lange roastbeefsäbel oder sinne; zu düsseldorf am rheine ging was ab – weichzeichner fanden eine mehrzahl weiter ihn gewandert (tauber) unterm jochbein: schrumpfleander taler bogart-garbo

getoengedroehn um den verstand
ein poem nach velimir chlebnikovs blagovjest umu

1 – die spindel g n d wird eingefuehrt

war gleuti pruendung boe
mir dauti quschn hau
purn dun mut scha bra tlango
kau ixi foljutans bigleutigens –

yryn ter deu
dig ter ter dam
gum pol ter foliengeist dum

laß lot hineingehn sie macht struempfe
das macht eisle benbend sinn

(ein perspikatscho hesperblumen flup ein gesten glupsch-
wespen paar glaumusrestel schi cha drum ra ra)

umblum der gang
umglum die ganglien
flum kataflum – der lambdagland

»die 8 in 86 war heckiger als nur die 8
denn 8 ist 2 mal 4 zur pyramide
während die 6 bloß 2 mal 3 im kreis ist –
die strecke gandamund hingegen
war 88-mal zeckiger als vlaga«

umstandskraemerei

vlaga war gloeckner sein seilgefälle vom gelaeut ein heu-
    ler strick deuterium sein aesopisotop der zoom
hilfe – er denkt mich

gong

gleuti hmmph
kndn-knft
gndn-gnft
hmphn-hmpht

be ga bum schlick war umbilicum klick sein blooming dis-
 kus moon – sie pusteln hampstead paestumfst
die hmmphn

gogoel flumu

beibrungenschaft hat crispin/carmelan

(kann sein daß sein cancan sein eigen seil-seil-seil sein
 kann an dem sein grätsch-keil-genital das isadora dun-
 can kann weil sie ein gum-zum-munkel hat wo dann sein
 in-betracht-gezogen-seinchen ecke kant/leibniz –
hilfe mir fehlt das wort)

stralsum

umu-muh boekh
sie fahndung nach dem binding
sie bindung nach dem fango
ha funia mercator
– heißt besam sioux oder geist spagat?
kleist falma gam der billi pool modul?
noxi tatsch mundolni
wir sind gleich da

aum linke pnau –
alte die ploetze kotterloh penultima injuria horatio

2 – rundum-erkundung numismautipl fums

gnaind wrausing bli wogsamsl swalw
(unwahrscheinlich durchdacht war einsicht weisheitsgeil)
gnzaitl wgizzigon wijawn-blagn doit

halten wir fest: das wissen um den wust des um umfaßt den
    brutus zwischen sum und fum   seine rauch-zicken – aa-
    le   seine krazzewezzen – gurkubiesen   seine kummer-
    lappen – lumberklippen   seine karmi zecke tusa – eine
    mapsilure toxifulm ...

bass die gnanken
boch die gnien
(jest wjest owjester krowjest)

fraxi plug rum schank und plumbsi woljo-taster
im gnosen joppen sie scharrangel jieh –
eintritt (nachdenklich) inmitten u m u (erwachsenwerden)
das elen und die knilche

eine sozusagen *ganditoria*
von mainacht – jetzt sind wir in jezzelbug!

mürbe kelche »pensieri« die mit katzen augen köpfen aus la-
    tenter wannsse-parthenogenese ihrer schütteren melasse
    mit der stiefelspitze ihrer haselmützen pansenschwitze
    ringsum all den gen-umdachten möhren-ohren (kleistgrab)
    joi und demnach weiter also später einmal vielleicht
    überlegt-versponnen prädikaten – »panselutze« demnach
    heute brütend – römernde katifelaten

homologes patt in situ
um und um ein
suspensorium (großer wagen)

nachher klebten und es waren
kriter skriben elektiver gastributer
aspho- nass- und brassphodeler
maritanten-riten
kandiskanten

wie sie hummeln wie sie starben – tricksekunden
dengeln wir jetzt transsibirisch anbetrachter denkkraft

heu! enf! gras! sarg!
hill! fee! die mosmosen kommen! mückenschneiderei! fehlen
    sypher numfligum – ei sie faxen masken! gasmützen

jetzt sind wir in braunschweig

3 – laminate im werchsten phoph

sah ums mental-instrumentarium herum
sah um sein pfauch-gepümpel das mich pumpte
den »kleb-nie-stoff« sich fädelnd pumpen
der vorgang nannte sich »uhu« und lullte mir
das lexikon ein   das war der schlaf nach
braunschweig und vor »bleg« (was nur den
neaoschn poneatno) und »chälberchälp« rann
mir sein »jest wjest owjest« um »sa« um
»scha« um »na« um »pa« – ums initial am
sattelpaß am stereo »a-um« zu umbras kan-
ten: »laubs-ägeumus-teer-ums-kinn« ... –
ja so gings zum blockhaus ürrr ...

am gaumen da wo velum dir am hunger hing das
segel mir und hummeln palatal ums orificium
kreisten troff epilept-imperativ von chlad-
mischer figur die zero-cheopsie ... ein parus
wie ein limit war auf einem schrank belegt
zur ofenbank wo beltenwürger saßen (schlapp

die quinkel »phorch«) und schwansam längst
(wo bälger flimmerten) sich el zu el die leli-
protokolle ... und zinzivers genom (zeitlebens
ohne festen wohnsitz) sich umsah

weh mir lear

flexikon-blechkoffer – ich komm

streu zack rauz o : zack rein fum deim : blisk uj
zerl epst : eu zaum skrit goff ... tregg dasdirs gars
grasdiesgen

– troff zinnes wahn
del rübsin trübs
ürüb

4 – fragen an den ergaenzenden verstand

a-sinn b-sinn spähsinn drehsinn fliehsinn ducksinn
zucksinn sprühsinn ohsonn rohsinn hexin füchsin
pinguinfinitum bringsinn rumpfsinn strumpfsinn freisinn
breisinn delfin wann-wenn-wie-wo-obsinn (pulinischer
wührsinn) wirsing ihrsinn hutsch mox prax laß los mi-
moosindizienzian –

sinnsinn in jedwedem binding
sinn ist ein anderer
– als was?

wer ist sedan johnson stechlin merklin paladin frei-
lassin' (basin kubin samsun husum ödön benjamin)?

hintersinn vordersinn tief stief schief scharf spitz eh
je wie gegenübersinn mit bedacht kontinentalintim wie
kontrakunigondolom

gedankenverloren rinnt ein sinnsal ihm
pin pin pin
ins
eusal

umziehn im sensorium

bist du bei sinnen?
drainage
gesine findet statt
»erregte ideen« (goethe)
nuß köpfchen deutungsdrang

kingdom fingal binsternis bringt anis bering zähnis dehnis
sehnis minus onyx – rebus tomis phönix
sintemalen der meniskus im apperzeptionsbereich minsk tomsk
flennt

bon

säumnis kehrnis fäulnisbündnis
mein spintisiervisier bricht wissentlich sinister ein
»oh mio simpherpool« (torsion) –
seine mottenkugeln simulieren gleichnis
trummnis flammnis jähnis krähnis
räumnis bringnis firnis hopp synopsis-fühlnis
die »bin-ichs-wirklich-nis« im pontresina von cosinus
gleich windelt sich links bülbülnis
rechts hagnis wagnis flaunis business
heu taurusnis
heu aulis

deutnis behältnis gängnis fängnis zeichnis

bin ich kelle? leb ich kopf?

pinocchiochemiesinnflor
wehmirnis

schlemihlnis
— kleine nehrung — große zehrnis

5 — grips radaunus cogitur

wir befinden uns im barium-magen einer maus

es erscheinen abwechselnd (»daß mehl gegen mehl fruchte«)
  einzelne verdickungsstöße (»zink - pegel — zink«)
  bald auch gewisse abwesenheitswölkchen von hohem rochus (»der pact/impact-verdauungstrakt — ein stummel hypnos bleich als roentgenwanderung«)

d. h. (capito? sozusagen?) aufbau und abbau einer langzeitstudie aus massenweise brockenkork und gesta romanorum (»sie sagen: ein ballastvolumen«)

starenheit inzwischen fodert & kodert mit warum-wieso-wozu
  trombose zwimsim auf zu stocken von kru auf kurz — und
  eine schmale phelanese böhmen lang lang lang

so fatschen sich die pappeln:
rodin der sinkel
grodek pink & punk
& hink van gong — denn
viel waren sie getan & zim-
perlymphe mit oder teil von
zuku-wamfo
fetn-wedn
grüfm-wedn
hoifm-weden

derre diee dasse nft
(imkerbolzens umkehrschub)

6 – g n d – gelaender

genau dort
hing noch die
agenda
irgendein
grund
gleich nach dem
eigenduft-
genödel
fing die
ding-narde
augen oder
flog notdurft
umgehend
genuin der
ganimed-
legende
ganz an die
gärende
zweigniederlassung
in ugandas
gegenden
gegen die
gnaden im
grünen nordsüd

7 – bingo inter lemgo hereinleuchtend

tangovers tandel: zuku-wamf: ala bobeobi
nirgend lesbar: giloba: klemde wlok-blok
denkungsart muschmu torf: brütelgründel: eine koli-
    watz-äologie: o ptizzn iugntättn wenke?

neaobwachncha

die tunken maind & akelei zu rate & mud-hut-pud penxieri
    & wizzon gnaind blift heube stoll guff naum baul faux
scharteki gano chlube – nusepote mai!

kom kin
goma
kin kom

tan tum
deka
tum tan

pin pam
bula
pam pin

tsim tson
xara
tson tsim

gilfo wiehaha müesins

behindse dschindschivita blift
sein gondolni getoengedroehn
es warumschaft bigleuttigens
mein ünkünk umglum – gan tsum don:
wer sind sie? sind sie wer?
dogdog: kuhkuh: menmen: taltal: tärtär:
garoafa – dog mig stralsom

minze rinze sinze
flaumiran schpektrum

zeitschrift

als nachricht

dieser zeilen steht dem lesenden jetzt oder nie
so aufgeschlagen zu gesicht was mir wo ich es
schreib so gar nicht freisteht – ob mich es wann
gedrucktermaßen lesen wird aus jenem brei von
typen die vielleicht einmal geschluckt aufschei-
nen werden oder bleifern dem als nachricht da-
von daß es noch eben oder einfach nicht mehr dafür
steht was jetzt in diesen – es ist ein kreuz mit
zeichen die ein feld von augen sind wenn sie es
wären

oder

nur angedeutet oder abgehangen von der art und
weise die hier zur beschreibung stünde als ver-
meidung dessen was mich hier auch nicht beschäf-
tigt – das aber eher etwas teilchenfrei geschert
(sagt man dazu nur leicht welthaltig oder schon
geschoren?) übern kamm daß jemand es inzwischen
ja längst unterlassen haben könnte dem thema das
kein thema ist zu folgen – nur um natürlich mir
auch keineswegs zu sagen wo darin ich angefangen
habe es nicht wieder zu vermeiden oder kein oder
mehr als spräche wer aus dieser beiwaage zu bre-
chen

denn

auch andere schätz ich haben wenig lust die meisten
aber nicht mal die gelegenheit dem da auch nur ein
erstes mal zu folgen – wie ich der hier nur augen-
schlüpfrisch in der perfidie der sogenannten anderen
verhakelt auftritt die aber nun an dieser stelle
mich tatsächlich fasziniert wo ich vorausgeeilt zu
lesen kriege daß der text sich längst erübrigt hat
– nichts anderes will ich nicht noch einmal lesen
müssen doch komme ich darüber auch nicht mehr so
lied lieb leid und ewigkeit hinweg

wenngleich

der knochen jener knochenlosigkeit von dem hier aus-
gegangen wird auch nicht an seinem fleisch zu lie-
gen scheint – ich möchte wirklich lieber ich als
laufend dies da sein von dem kein fleisch mehr ohne
einen leser abfällt den es höchstens gibt – sondern
vielmehr an der beweislast die es dann erfordert so
ausgesprochen knochenreif zu sein daß diesen text
ein überbein im auge tragen beziehungsweise sein ab-
handenkommen irgendwem nicht mal zum ausgleich ir-
gendwen schon wieder eilends an das feldkreuz in den
zeilen heften könnte

Nachwörter sind Engel –

– sie leben im Anhang, trinken ihren Bariumbrei (im Hinblick auf Durchleuchtung), treiben ihr Schattenwesen allerdings in und mit der Differenz zum Korpus, der somit umso seriöser selbstbezüglich zu gründeln vermag, als sie sich im Abstand dann leutselig-kryptisch verästeln. Na ja.

Aber erst die Bisamknöpfe! Sie leben in den Titeln der Lyrikbände, sind also irgendwie dem Korpus auf den Leib genäht, bedienen indessen Knopflochleisten nicht nur im Gewand der intrinseken Engel sondern auch diverser Hutschfaktoren außerhalb, denen sie das Unterfangen, nämlich daß wieder mal so ein Ding wie Buch aus der Taufe gehoben werden soll, spitzfindig weis- und plausibel machen, beziehungsweise von ihnen so gefädelt werden, als hätten sie selber die Annähung erfunden: da geht der Hut ab, da geht der Knopf auf. Dabei entsteht ein Geräusch. Es nennt sich und wir nennen es in diesem Fall ja ganz besonders *das Hören des Genitivs*; double-bounden, wie es sich gehört.

Wie erhellend wäre es, wenn alle Engel Bisamknöpfe wären? Dann sprächen wir vom Knöpfeln oder Andocken des Genitivs als von der Kognition des Knöpfelns und Betitelns – etwa wie ein tiefes genitales *Talmeschgehn* im Walden eines Teppichs, nahezu *ein Moos omnia*, lautpalindromitisch federnd. So gesehen wäre die Erkenntnis der Rezeption eine nicht nur auf den grammatikalischen Genitiv bezogene funktionale Sinnbelehnung im Flößen (d. h. Fließendwerden) der Reziprozität, schön protzig gesagt. Und *Talmeschgehn* ein rückbezüglicher Vorgang des, mit, nach, in und zum Orten des Talmesch, ein bizikelfahrendes Moment mit Orts- und Eigennamen, ein leicht eiernder Verlauf eines adverbialnominalen Tandems, mit allem was radial hineinspielend sich abgestrampelt dann wieder auslöst – denke ich an Dolmetsch, Dolmatsch, Talmud, Baalbek und Talmi? Find ich auf dem Bahndamm, wo Gellu Naum dem Schotter im Kalmus eine Ansprache hält, die Abzweigung (Zweigstelle) vor der Gemeinde Talmesch am Eingang zum Rotenturmpaß – oder latscht in diesem

»Zwischen-Wissen« das translatorische Moment jeder Lesart einher? Vielleicht auch nur ein Flötengehn zum Eigennamen.

Kurz und bündig: im *Hören des Genitivs* versammeln sich in loser Folge Gedichte und Texte, die in den letzten Jahren neben oder parallel zu den strengen Projektbüchern entstanden sind – mit und ohne feste Spielregeln, manche im transitorischen Verein mit anderen Texten, Autoren, Jahreszahlen, Sprachen und Sprechweisen; darunter auch verstreut Publiziertes.

*

Splitter am Rand, dort wo Texte, Personen und Zusammenhänge von außerhalb involviert sind:

O-Ton »Automne« – Linguistikherbst: Geschrieben im Hinblick auf die Vertonung des Textes durch Wolfgang von Schweinitz für »Stimmen im Herbst«, eine Veranstaltung des Deutschlandradios Berlin im Oktober 1996 in Ludwigslust, wo die Komposition (Beth Griffith, Sopran) zum Teil aufgeführt wurde. Von der Sprache her wäre zu fragen: Wirkt sich die Herstellung eines »noch zu vertonenden Textes« auf seine Beschaffenheit aus? Wohl auch eine Frage des »ergänzenden Verstandes« bzw. von Chlebnikovs »Sa-Um«.

hermenautik: Ich schwimme nach wie vor, wenn der Begriff Hermeneutik umgeht. Das Sommersemester 1985 in Erlangen, zu dem mich Peter Horst Neumann eingeladen hatte, brachte aber auch – via Hermes/Mercurium/Quecksilber – das Moment des »Mittlers« (siehe den Film von Losey) in das fließende Wasserspiel vorgeblicher »Hermetik«. Der Text entstand dann 1995.

Zweite Berliner Ansteckung: Die erste (*Berliner Kontamination*) hatte Kleists Baxer-Anekdote mit dem Gedicht »Am Brückenwehr« von Benn gekreuzt und war 1978 im LCB-Bändchen *Ein Tangopoem und andere Texte* erschienen. Siehe auch den längeren Text »Die Baxer am Brückenwehr« im Lesebuch *Jalousien aufgemacht* von 1987, als ich diese damals entstandene zweite Kontamination noch für langweilig und beliebig hielt. Warum sie mich wohl wieder fesselt?

Hier das Originalgedicht von Gottfried Benn:

DAS SPÄTE ICH

I

O du, sieh an: Levkoienwelle,
der schon das Auge übergeht,
Abgänger, Eigen-Immortelle,
es ist schon spät.

Bei Rosenletztem, da die Fabel
des Sommers längst die Flur verließ —
moi haïssable,
noch so mänadisch analys.

II

Im Anfang war die Flut. Ein Floß Lemuren
schiebt Elch, das Vieh, ihn schwängerte ein Stein.
Aus Totenreich, Erinnern, Tiertorturen
steigt Gott hinein.

Alle die großen Tiere: Adler der Kohorten,
Tauben aus Golgathal —
alle die großen Städte: Palm- und Purpurborden —
Blumen der Wüste, Traum des Baal.

Ost-Gerölle, Marmara-Fähre,
Rom, gib die Pferde des Lysippus her —
letztes Blut des weißen Stiers über die schweigenden Altäre
und der Amphitrite letztes Meer —

Schutt. Bacchanalien. Propheturen.
Barkarolen. Schweinerein.
Im Anfang war die Flut. Ein Floß Lemuren
schiebt in die letzten Meere ein.

III

O Seele, um und um verweste,
kaum lebst du noch und noch zuviel,
da doch kein Staub aus keinen Feldern,
da doch kein Laub aus keinen Wäldern
nicht schwer durch deine Schatten fiel.

Die Felsen glühn, der Tartarus ist blau,
der Hades steigt in Oleanderfarben
dem Schlaf ins Lid und brennt zu Garben
mythischen Glücks die Totenschau.

Der Gummibaum, der Bambusquoll,
der See verwäscht die Inkaplatten,
das Mondchâteau: Geröll und Schatten
uralte blaue Mauern voll.

Welch Bruderglück um Kain und Abel,
für die Gott durch die Wolken strich –
kausalgenetisch, haïssable:
das späte Ich.

Die von der Länge des Gedichtes bestimmten und durch die Spielregel »Materialausschöpfung entsprechender Wortarten in der Reihenfolge des Auftretens« im *Michael Kohlhaas* beanspruchten Textseiten finden sich in jeder Kleistausgabe.

repeat that, repeat …: An der von Urs Engeler (Zwischen den Zeilen) initiierten Serie von Transformationen nach der gleichen Vorlage, der ich meinen Text verdanke, waren auch Felix Philipp Ingold, Joachim Sartorius, Raoul Schrott, Schuldt und Frederic C. Hosenkeel mit ihren Versionen beteiligt. Hier der Originaltext:

Repeat that, repeat,
Cuckoo, bird, and open ear wells, heart springs, delight-
   fully sweet,
With a ballad, with a ballad, a rebound

Off trundled timber and scoops of the hillside ground
  hollow hollow hollow ground :
The whole landscape flushes on a sudden at a sound.

Gerard Manley Hopkins

Meine Halden sind natürlich Abraumhalden, taubes Gestein, Ausgeschwemmtes (wie jede Übersetzung). In der Nacht, wenn die Selbstentzündung in den Stoffen sichtbar wird, glühen die Halden von innen.

sieben mal hamleschgehn: Hamlesch – nicht zu verwechseln mit Talmesch – ist ebenfalls ein Dorf in Siebenbürgen und als Ortsname somit auch ein Ohrenfänger im Rogen marinierter Zweizeiler.

mein untaugliches pfauen: wird schlüssig in absentia des immer wieder zu ergänzenden Bezugswortes, das ich nicht verrate – jedenfalls einmal auch aufgeschlagen im Konkursbuch der Erotik *Mein heimliches Auge.*

gegenläufige vokalise vom ködertrieb: nach der Gedichtzeile »Du! mein Böses liebt Dich« von Else Lasker-Schüler.

Osmose mit Six of Ox Is von Lydia Tomkiw: Läßt sich ein Palindrom »übersetzen«? Mein erster Anlauf galt dem Erschnuppern einer potentiell palindromtauglichen Materialsphäre im amerikanischen Original. Der zweite Anlauf, bei dem ich dem Laut (und nicht dem Buchstaben) im Palindrom den Vorrang gab, mußte den erschnupperten semantischen Hof grundsätzlich wieder verlassen – aber doch ein wenig anders, als wenn es ihn vorher nicht gegeben hätte. Hier das originale Buchstabenpalindrom:

Six of Ox Is

O, no iron, no Rio, no
Red rum murder;
in moon: no omni
devil-lived
derision; no I sired

Otto,
a
drab bard,
Bob,
but no repaid diaper on tub.
O grab me, ala embargo
emit time,
Re-Wop me, empower
Eros' Sore
sinus and DNA sun is
fine, drags as garden if
sad as samara, ruff of fur, a ram; as sad as
Warsaw was raw
      Lydia Tomkiw

Pirmasens in variablen Homolettrien: so beschreibt Oulipo die Machart. Otto Nebel hätte sie als »Runenfuge« bezeichnet. Den Text bilden die 8 Schriftzeichen der Hugo-Ball-Stadt (denn s ist ja doppelt) – nur sie, dafür beliebig oft und ohne feste Reihenfolge. So entstanden Namen im Text, der – Ernst Teubner ist mein Zeuge – im Frühjahr 1995 bereits da war, noch bevor eine Jury den Namen *Menasse* preiskürte. Ein Orakel ist ein Orakel, wenn es nicht weiß daß es ein Orakel ist.

Petrarca, die Vierunddreißigste: in das Buch zum zehnjährigen Bestehen der Huss'schen Universitätsbuchhandlung in Frankfurt am Main (1993), mitsamt dem Sonett von Francesco Petrarca, Le Rime CCIV:

 Anima, che diverse cose tante
vedi, odi, e leggi, e parli, e scrivi, e pensi;
occhi miei vaghi, e tu, fra li altri sensi,
che scorgi al cor l'alte parole sante,
 per quanto non vorreste o poscia od ante
esser giunti al camin, che sì mal tiensi,
per non trovarvi i duo bei lumi accensi,
né l'orme impresse de l'amate piante?
 Or con sì chiara luce, e con tai segni,
errár non de'si in quel breve viaggio,

che ne pò far d'etterno albergo degni,
Sfòrzati al cielo, o mio stanco coraggio,
per la nebbia entro de' suoi dolci sdegni
seguendo i passi onesti, e 'l divo raggio.

rückläufiges heimataggregat: Die Versuchsanordnung »streng alphabetisch rückläufig« (buchstäblich vom Wortende her aufgerollt) trägt der deutschen Wortzusammensetzungslogik Rechnung und schafft Zusammenhänge, die anfangsorientierte Abrufgewohnheiten leicht verstören. Was ist Ahnung, was ist Staunen. Das Angebot der Stichwörter auf -at ist riesig. Zu »leisten« war hier der Aufbau meiner Felderwirtschaft durch eigentümliche Auswahl, Abschrankung, Eingrenzung: ein Vorgang, der wiederum eng am Thema (»Heimat«, bzw. »das Schindluder einer Verallgemeinerung«) verläuft und gleichzeitig die Reihenfolge (sozusagen die Chronologie und Historizität) der alphabetischen Rückläufigkeit nicht aufhebt. Inwieweit ich »meine« Heimat in diesem Aggregat bevorzuge, indem ich sie schaffe und abstecke, wird ja auch außerhalb des Textes »sichtbar« (absenzevident), denn die Liste ist erst ein Bruchteil möglicher Bildungen auf -at. Nur einiges ist hier gemäht bei dieser ausnahmsweisen Heumahd.

Selbstinduktion – oder die Neugier: was bewirkt ein Umkehrschub, vollzogen allein an den Verben und den Substantiven, in einem so vertrauten Text wie Goethes »Prometheus«? Könnte eine solche *Palindromie mit anderen Mitteln* Dinge hervorkitzeln, die das Original verschleiert? Gar den Proteus, der mir sympathischer ist als der meckernde Feuerbringer? Auf den ersten Blick: am (auf-)begehrenden Gestus der Syntax hat sich nichts geändert. Aber die rückläufige Selbstinduktion »stillt« doch in gewisser Weise nun die Tabuzonen, die das Original aufgerissen hatte.

lebende bilder am wandschirm: Oberflächenphantasmagorie in einem Ohr von mittlerer südosteuropäischer (um nicht zu sagen krimgotischer) Sprachengemengelage bei der Lektüre des Paradestückes von Hugo Ball:

Karawane

jolifanto bambla ô falli bambla
grossiga m'pfa habla horem
égiga goramen
higo bloiko russula huju
hollaka hollala
anlogo bung
blago bung
blago bung
bosso fataka
ü üü ü
schampa wulla wussa ólobo
hej tatta gôrem
eschige zunbada
wulubu ssubudu uluw ssubudu
tumba ba- umf
kusagauma
ba-umf

eine talkonstruktion widmet sich in einem kleinen Flöz »persönlicher« Vokabeln, das in beiden Richtungen läuft, dem niederländisch-deutschen Bergbau im Ohr: taal (Sprache) und tra (Schneise), keuze (Auswahl) und bundel (Buch) wie regel (Zeile) ... Wiel Kusters zu einem runden Geburtstag 1997.

Der Tanz der Schere: Wie es zu dieser Textfolge kam, beschreibt Wiel Kusters so: Für »Der Tanz der Schere« haben Oskar Pastior und ich uns ein Gedicht von Stefan George zugeeignet. In der Bibliothek der Deutschen Akademie Villa Massimo in Rom, wo ich im Sommer 1984 einige Zeit Gast von Oskar Pastior war, las ich, mehr oder weniger zufällig, Georges Gedicht. »Es sagte mir zu«. Aber was wollte es von mir? Mußte ich es übersetzen? War es mir denn sympathisch? Ich beschloß, Pastior um seine Vermittlung zu ersuchen. Was wenn er dieses Gedicht zu einem Pastior-Text umformen würde? Dann könnte ich mich mit seiner Variante beschäftigen und mich George auf Abstand nähern.
Oskar Pastior hat das Gedicht aus »Algabal« gründlich verformt, un-

ter Wahrung des ursprünglichen Metrums. Von Georges Worten hat er, von hinten nach vorne arbeitend, die »Wurzeln« bloßgelegt und variiert. In meiner eigenen Bearbeitung sind diese Wortkerne auf assoziativem Wege wieder zu mir geläufigen Worten geworden. Schließlich hat Oskar Pastior diese wieder in ein deutsches Idiom gebracht; so daß nun auch Stefan Georges Text in doppelter Brechung in die Gegenwart kommt.

Im Prozeß seiner Entstehung hat »Der Tanz der Schere« etwas von einer »ars poetica« oder etwas von einem »Poetik-Workshop zu zweit (zu dritt?)«: wie man sich Worte zu eigen macht: unterirdisch, wie es sich gehört.

Kikakokú – Eros & Callas: Oberflächenversionen 1995 zu dem Lautgedicht von Paul Scheerbart, das 1897 in seinem Roman »Ich liebe dich« erschien:

Kikakokú!
Ekoraláps!

Wîso kollipánda opolôsa.
Ipasátta îh fûo.
Kikakokú proklínthe petêh.
Nikifilí mopaléxio intipáschi benakáffro – própsa
                        pî! própsa pî!
Jasóllu nosaressa flípsei.
Aukarótto passakrússar Kikakokú.
Núpsa púsch?
Kikakokú bulurú?
Futupúkke – própsa pî!
Jasóllu ......

arpeggio: Kaspar Asparagus – Hans Arp, für mich eine Art Spargel, disparat desperat, sprachlich Spargeld, ein Rapsprinzip, aber aspirativ (ad astra) – sozusagen ein Buchstabsager bzw. ein Bauchstaubsauger, ein großes tolles Pumpwerk.

getoengedroehn um den verstand: In Peter Urbans Chlebnikov-Ausgabe (Rowohlt 1972, 1985) ist der kleine Text »Blagovest umu«

in Übersetzungen von Franz Mon, Gerhard Rühm und Peter Urban vorhanden. Mein unfertiger Ansatz, damals, ich nannte ihn »GND-Satz« (nach dem rumänischen Wort »gând«, »gândire« = Gedanke, Denken) blieb jahrelang in der Mappe liegen. Auch in der CD »Mein Chlebnikov« (Gertraud Scholz Verlag 1993) habe ich ihn nicht gelesen. Jetzt gebe ich ihn, ein paarmal periphrastisch überarbeitet und ziemlich vermaßlost, als Hommage an das, was der Umgang mit Chlebnikovs Texten mir bedeutet, aus der Hand.

*

Vom Bariumbrei der Nachwörter und Engel und von den Bisamknöpfen des Hörens anderer Genitive mal abgesehn: Wozu dies alles? Schreiben, lesen, talmeschgehn – bon à quoi? À qui bon?

Offene Frage –

: ob eine Struktur sich lesend wahrnimmt, also hervorbringt, also in Selbstreflexion Bewußtsein erlangt (Text wird);

: ob demnach das organische Leben, das Sinn produziert, bloß deshalb, weil es Sinn produziert, besser ist als das Nicht-Leben, das keinen Sinn produziert;

: ob es vernünftig ist, daß das Sinn produzierende Leben (also ein Text, der sich lesend schreibt) sich im Resultat des Vorgangs schön findet;

: ob es gut ist, daß der Text (das Leben) es vernünftig findet, daß er etwas schön finden kann;

: ob eine Struktur, die sich als unvorhersehbar erkennt (wie jede gute Poesie), sich überhaupt fragen darf, wohin sie nächstens führt, beziehungsweise ob sie gut und schön und sinnvoll ist, wenn sie sich eine Zweckgerichtetheit (Finalität, Teleologie) anmaßt, einräumt, an den Hut steckt, in der sie selber sich bereits zum Überlebtsein innerhalb einer von ihr gedachten Evolution degradiert;

: ob die Fähigkeit des Lebens (des Textes), solche Fragen zu stellen, die es nicht beantworten kann (hoffentlich), eine Frage seiner eigenen Grammatik und Spielregeln an deren Berechtigung – oder an deren Effektivität? – ist;

: ob Entscheidungsfragen (also solche, die mit Ja oder mit Nein beantwortet werden müssen) überhaupt sinnvoll oder schön oder gut sein können – wenn doch nur die echten Fragen imstande sind, offen zu bleiben – wofür? für wen?
Ich optiere für das Unterschiedene, die Differenz im Sprachbewußtsein, den kleinen schiefen Schritt zur Seite, durch den wir Symmetrien (und andere Raster) erst erkennen und – immer etwas anders – produzieren können.

Berlin, Charlottenburg   Oskar Pastior
27. Januar 1997

Editorische Notiz

Im Band enthaltene Gedichte, die verstreut in Zeitschriften und Einzelpublikationen erschienen sind; die Liste folgt dem Inhaltsverzeichnis.

das denken des zufalls: Jahrbuch der Lyrik 1990/91, Luchterhand Literaturverlag; *pisa luna:* Merian, Toskana 4/1990; *shelter:* manuskripte 127/'95; *immer:* Jahrbuch der Lyrik 1995/96, Verlag C.H. Beck; *deuterium:* Meine Stadt/Literatur und Kunst in und um Siegen, Siegen 1989; *hermenautik:* Hermenautik — Hermeneutik. Literarische und geisteswissenschaftliche Beiträge zu Ehren von Peter Horst Neumann, Königshausen & Neumann 1996; *dominotaurus:* Freibord 85/1993; *repeat that, repeat ...:* Zwischen den Zeilen 7/8 1996; *hippocampus:* manuskripte 123/'94; *plato am plateau:* manuskripte 97/'78; *Rückendeckung:* Jahresring 1988–89, Deutsche Verlags-Anstalt 1988; *rechnung von heute:* Runde 50, Rowohlt Tb 1991; *grübchen* und *jo ulf kai:* Jahrbuch der Lyrik 1989/90, Luchterhand Literaturverlag; *Der Vier Buchstaben:* Schreibheft 30, 1987; *Kratima:* Gedankenstrich, Anabas 1992 (Ausstellungskatalog); *mein untaugliches pfauen:* Mein heimliches Auge, Claudia Gehrke Verlag 1995; *gegenläufige vokalise vom ködertrieb:* Der Literatur Bote, März 1992; *selige scharrangel:* Du mußt deine Unruhe erden, 30 literarische Fußnoten zu Wulf Segebrechts 60., Bamberg 1995; *Osmose mit Six of Ox Is von Lydia Tomkiw:* Literaturmagazin 26/1990, Rowohlt; *geleit:* Hermenautik — Hermeneutik ... (s.o.); *Petrarca, die Vierunddreißigste:* Kiesstraße 20 Uhr / Huss'sche Universitätsbuchhandlung 1983–1993, Juni 1993; *rückläufiges heimataggregat:* Fußnoten zur Literatur, Thema »Heimat«, Bamberg 1997; *16195:* Til Inger Christensen på tresårsdagen den 16. januar 1995, Gyldendal 1995; *Selbstinduktion:* neue deutsche literatur 8/93; *Vorlaut:* Der Literatur Bote 22/1991; *tango hanomag:* Kurt Schwitters Almanach 1987, Postscriptum Verlag; *genida alajgi:* Sprache im technischen Zeitalter 138/1996; *Der Tanz der Schere:* De dans van de schaar. De Lange Afstand, Amsterdam 1984/85; *puicatschulpa:* LiteraPUR 2/1990; *talg & wachs, wachs & talg:* Jahresring 1988–89, Deutsche

Verlags-Anstalt 1988; *methodem gorgor:* Schreiße 1988 (Leporello); *Lieber H. C.! Über den...:* SALZ 84/1996; *Ohrenbeben:* Haus der Wörter – Ort der Blicke. Das Künstlerhaus Edenkoben 1987–1992. Pfälzische Verlagsanstalt 1993; *awwanti sewwenti:* DIE ZEIT 28.7.95

Inhalt

das ätma 5
sisal 6
das denken des zufalls 7
pisa luna 8
wahnmüllers lust 9
O-Ton »Automne« – Linguistikherbst 10
1940/1941 11
milton – behälter 12
shelter 13
die melodie des archimedes 14
immer 16
deuterium 17
hermenautik 18
dominotaurus 19
tableau 20
Zweite Berliner Ansteckung 21
repeat that, repeat 24
zwei mal pupille 25
   a) färbeln 25
   b) alaskalappen toscalasur 25
das weiße blatt / hat ernest 27
hippocampus 29
plato am plateau 31
desider an kanevas 32
enter 34
neoz 35
Rückendeckung 36
pfote im tunnel / bunter hund 96 37
sieben mal hamleschgehn 38
   »doch rasch flockt« 38
   wangentang-enten 39
   string 39
   bock azimut 40
   rosident 41

dachziegel	42
arcobazikon	42
morgen im rogen	43
lepsius	45
rechnung von heute	46
streckverband	47
galoppade	48
grübchen	49
jo ulf kai	50
Rebus : Wolke	51
noch ein knöterich	52
sieben mal alpengehn	55
auer mold kurrent	55
husch laundry so	56
sie kerlte bulb – er	56
k.u.k.-lauer luftschuft	57
das rendezvous	57
gassenhauer	58
traun	58
gelebt geschrift geklont...	60
Der Vier Buchstaben...	61
Kratima	62
mein untaugliches pfauen	63
wechselbälgisch	64
operation f	64
mauseloch	64
flutter-index	65
flanke zauder	66
aberration aus dem das ist	67
kürbiskür	68
Kalamitäten	69
Oulipotisch kommt von Oulipo; doch	70
wehnunft ode wehlust...	72
meteorganistenographie	73
gegenläufige vokalise vom ködertrieb	74
selige scharrangel	75
Osmose mit Six of Ox Is von Lydia Tomkiw	76
Ob sie Oxigen	76

Ein Moos omnia 76
Pirmasens in variablen Homolettrien 78
Küste, sirrend – 79
geleit 80
Petrarca, die Vierunddreißigste 81
rückläufiges heimataggregat 82
16195 84
Selbstinduktion 86
Vorlaut 88
tango hanomag 89
lebende bilder am wandschirm 93
Noahs Arche 94
genida alajgi 95
eine talkonstruktion 96
Der Tanz der Schere 97
    Mein garten 97
    Mulb quarzon 97
    Mals kwarts 98
    Mürber Quarz 99
puicatschulpa 100
talg & wachs, wachs & talg 101
methodem gorgor 102
Lieber H. C.! Über den 103
Kikakokú – Eros & Callas 104
    Schick Max hoch, du! – ergo schnall ab! 104
    Lila Modul »Hickorykothurn« 105
bizikelparadiese 106
Ohrenbeben 108
awwanti sewwenti 112
festplatte: 113
arpeggio 114
épicerie 115
detail 116
lederstrumpf 117
getoengedroehn um den verstand 118
    1 – die spindel g n d wird eingefuehrt 118
    2 – rundum-erkundung numismautipl fums 120
    3 – laminate im werchsten phoph 121

4 – fragen an den ergaenzenden verstand 122
5 – grips radaunus cogitur 124
6 – g n d – gelaender 125
7 – bingo inter lemgo hereinleuchtend 125
zeitschrift 127
   als nachricht 127
   oder 127
   denn 128
   wenngleich 128
Nachwörter sind Engel – 129
Editorische Notiz 140

Oskar Pastior im Carl Hanser Verlag

Francesco Petrarca
33 Gedichte
Zweisprachige Ausgabe
Mit einem Nachwort von Oskar Pastior
1983. Edition Akzente
88 Seiten. Französische Broschur

Lesungen mit Tinnitus
Gedichte 1980–1985
1986. Edition Akzente
160 Seiten. Französische Broschur

Jalousien aufgemacht
Ein Lesebuch
Herausgegeben von Klaus Ramm
1987. 236 Seiten. Gebunden

Kopfnuß Januskopf
Gedichte in Palindromen
Mit einem Nachwort von Oskar Pastior
1990. Edition Akzente
168 Seiten. Französische Broschur

Vokalisen & Gimpelstifte
1992. Edition Akzente
112 Seiten. Französische Broschur

Marin Sorescu
Der Fakir als Anfänger
Gedichte und Ansichten
Aus dem Rumänischen und mit einem Nachwort von Oskar Pastior
1992. Edition Akzente
104 Seiten. Französische Broschur

Eine kleine Kunstmaschine
34 Sestinen
Mit einem Nachwort und Fußnoten des Autors
1994. 104 Seiten. Gebunden